Die Bibel des Caravaggio

Mario Dal Bello

Die Bibel des Caravaggio

Bilder aus dem Alten und Neuen Testament

SCHNELL + STEINER

Umschlagabbildung: Michelangelo Merisi da Caravaggio: Die Berufung des hl. Matthäus (Rom, San Luigi dei Francesi, Foto: Stefano Fabi)

Abbildungsnachweis:
S. 4/5, 14, 52: Stefano Fabi
S. 24, 30, 38, 46, 56, 62, 68, 70, 74, 80, 82: bpk/Scala
S. 28: akg-images/Erich Lessing
S. 34: Nancy, Musée des Beaux-Arts/Angelo Lubino
S. 40, 44, 50: akg-images/Electa
S. 58, 64: akg-images
S. 76: bpk – Stiftung Preußische Schlösser und Gärten Berlin-Brandenburg/Gerhard Murza
S. 86: bpk/RMN/Paris, Musée du Louvre/René-Gabriel Ojéda

Umschlaggestaltung: Anna Braungart, Tübingen
Bildbearbeitung und Layout: Florian Knörl, Erhardi Druck GmbH
Druck: Erhardi Druck GmbH, Regensburg
Übersetzung: Franziska Dörr

Bibliografische Information der Deutschen Nationalbibliothek:
Die Deutsche Nationalbibliothek verzeichnet diese Publikation in der Deutschen Nationalbibliografie; detaillierte bibliografische Daten sind im Internet über <http://dnb.d-nb.de> abrufbar.

3., unveränderte Auflage 2019
© 2010 Verlag Schnell & Steiner GmbH,
Leibnizstr. 13, D-93055 Regensburg
ISBN 978-3-7954-2360-5

Alle Rechte vorbehalten. Ohne ausdrückliche Genehmigung des Verlages ist es nicht gestattet, dieses Buch oder Teile daraus auf fotomechanischem oder elektronischem Weg zu vervielfältigen.

Weitere Informationen zum Verlagsprogramm erhalten Sie unter:
www.schnell-und-steiner.de

Inhalt

Vorworte 9

Einführung 13

Sakralkunst in Rom zur Zeit der „Gegenreformation". 15
Vom Spätwerk Michelangelos zur Carracci-Familie

Hauptmerkmale von Caravaggios Sakralkunst 17

Altes Testament 23
 25 Die Opferung Isaaks
 27 David und Goliath
 31 Judith und Holofernes

Neues Testament 33
 35 Verkündigung
 37 Geburt Christi
 41 Ruhe auf der Flucht nach Ägypten
 43 Johannes der Täufer
 47 Die Enthauptung Johannes' des Täufers
 49 Maria Magdalena
 53 Berufung des hl. Matthäus
 55 Auferweckung des Lazarus
 59 Gefangennahme Jesu
 61 Geißelung Christi

65	Die Dornenkrönung
67	Ecce Homo
71	Grablegung Christi
73	Abendmahl in Emmaus
77	Ungläubiger Thomas
79	Berufung des Saulus
83	Kreuzigung des hl. Petrus
85	Tod Mariens

Der Einfluss Caravaggios auf die italienische und europäische Kunst 89

Das Wahre erfinden 91

Vita 93

Literaturverzeichnis 95

Vorwort

„Kunst soll beunruhigen; Wissenschaft beruhigt" (L'art est fait pour troubler; la science rassure). Diese Aussage des französischen Kubisten und Picassofreundes Georges Braque liefert uns gleichsam ein Motto zur Zusammenfassung der Reaktionen auf die Werke Caravaggios. Seine Gemälde enthalten in der Tat eine außerordentliche Spannung, sind stark emotiv geladen und dazu bestimmt, Staunen und Betroffenheit zu verursachen. Sie sind der Spiegel absoluter Genialität, aber auch einer kurzen, gequälten Existenz, ähnlich einem Meteor, der jedoch sein Licht in den nachfolgenden Jahrhunderten hinterlässt, und zwar nicht so sehr wegen der ideellen Nachfolge durch die sogenannten Caravaggesken, sondern durch die Ausdruckskraft seiner eigenen Schöpfungen.

Das Licht ist unbestritten das wirksamste vom Künstler zur „Beunruhigung" der Gewissen eingesetzte Mittel. Es nimmt in den 21 Gemälden Caravaggios mit religiösem Sujet, auf die sich der vorliegende Band thematisch konzentriert, eine besondere Wertigkeit an. Seine berühmten Lichtkegel bahnen sich ihren Weg durch das Halbdunkel der Szenen aus dem Evangelium, sie erscheinen quasi als Ausstrahlung göttlicher Gnade ins Innere der düsteren Menschengeschichte. Man denke, um nur ein Beispiel zu nennen, an das flach aus dem Seitenfenster einfallende Licht in der *Berufung des hl. Matthäus*: Es legt sich auf die beiden Hautpersonen und betont vor allem den ausgestreckten Zeigefinger Christi (ein Zitat aus der *Erschaffung Adams* von Michelangelo in der Sixtinischen Kapelle), wodurch die Berufung zu einer Neuerschaffung wird, die den Zöllner Levi in den Apostel Matthäus verwandelt.

Caravaggio vollzieht eine Art künstlerischer Exegese der Heiligen Schrift, wobei er sich hauptsächlich auf Christus und die Erzählungen des Evangeliums konzentriert. Es existiert jedoch eine weitere Deutungslinie neben dem offensichtlichen Kontrapunkt zwischen Licht und Schatten bzw. Gnade und Sünde, nämlich das zentrale Thema der Menschwerdung: Die dargestellten Szenen und Gesichter gehören zum Alltag, sie werden nicht zu transzendenten Ikonen hochstilisiert, sondern spiegeln die Arbeit und den Tagesablauf der Menschen wider, d.h. sie tragen die ganze Bürde der geschichtlichen Erfahrung in sich. Christus selbst ist in einer fast extremen Körperlichkeit abgebildet, die – wie beim *Ungläubigen Thomas* in Potsdam – vom Finger des Apostels, der in die Seitenwunde eindringt, ganz realistisch berührt und erforscht werden kann.

In der „Galerie" der religiös inspirierten Gemälde Caravaggios findet die Aussage des Evangelisten „und das Wort ist Fleisch geworden" (Joh 1,14) unterschiedliche Ausdrucksformen, was auch bedeutet, dass dem Gläubigen unterschiedliche Möglichkeiten geboten werden, das Wort des Lebens (vgl. 1 Joh 1,1) zu hören, mit eigenen Augen zu sehen, zu betrachten und mit Händen zu greifen. Auf diese Weise werden wir ins Herz der christlichen Botschaft geleitet, und der Meister aus der Lombardei wird auf seine Art zu deren Zeuge und Verkünder. Die herausragende Stellung seiner Passionsszenen, die einen unfassbaren Schmerz (das typische Zeichen des Menschseins) zeigen, belegt dies eindeutig: Der Gott des Evangeliums ist kein stoischer Herrscher, er lebt nicht zurückgezogen in den vergoldeten Himmeln der Transzendenz, sondern geht Schulter an Schulter mit der leidenden Menschheit. Durch den Widerschein des göttlichen Lichts wird jedoch sein Kreuzweg zum österlichen Lichtweg: von der via crucis zur via lucis.

Auf den nun folgenden Seiten wird Mario Dal Bello für uns zum qualifizierten, unersetzlichen Führer ins Innere der einmaligen, von Michelangelo Merisi geschaffenen Sequenz von Sakralbildern. Seine scharfsichtigen Erforschungen, ohne jeglichen Akademismus, enthüllen vor unseren Augen das „gemalte Wort" nicht nur in seiner höchsten Schönheit, sondern auch in seiner Wahrheit, die Gläubige wie religiös Gleichgültige erfasst.

Der italienische Dichter Umberto Saba schrieb gegen Mitte des 20. Jahrhunderts: „Jedes Kunstwerk ist eine Beichte". Nun, Caravaggios Malerei ist eine Offenbarung seiner intimen Spiritualität und Persönlichkeit, sie wird jedoch auch zum Aufruf an die Betrachter, sich von seiner Suche und seiner Zerrissenheit, seiner inneren Spannung und seiner religiösen Erregung erschüttern zu lassen.

Gianfranco Ravasi
Präsident des Päpstlichen Rats für die Kultur und der Päpstlichen Kommission für die Kulturgüter der Kirche

Vorwort

Seit vielen Jahren beschäftige ich mich eingehend mit der Frage nach dem Glauben der großen christlichen Künstler aus der Zeit zwischen dem Quattrocento und der zweiten Hälfte des 17. Jahrhunderts. Aufgrund einer Reihe irriger Annahmen haben viele die entsprechenden Jahrhunderte als nicht vollständig christlich, ja sogar als anti-christlich abgetan. In der kollektiven (und einer historizistischen Ideologie geschuldeten) Vorstellungswelt entwickelten sich widersprüchliche und gänzlich falsche Bilder eines dunklen, zurückgeblieben, sozusagen primitiven Mittelalters, das jedoch durch den Glauben seiner Künstler glänzte, und einer gebildeten, niveauvollen Renaissance, die jedoch Ausdruck einer weltlichen, wenn nicht proto-laizistischen Weltanschauung war. In diesem Kontext wurde Leonardo da Vinci oft als anti-katholisch betrachtet, ja sogar als Vorbild eines Anarchisten ante litteram, der blind den Prinzipien der Naturwissenschaft folgt und auf jede religiöse Weltanschauung verzichtet zu Gunsten einer Wissenschafts- und Technologie-Hörigkeit. Michelangelo erschien als ein Intellektueller, der im Gewirr der Fragen über den Menschen Partei für den Protestantismus ergreift. Caravaggio schließlich, dem seine außerordentliche, angeborene Anpassungsfähigkeit nicht aberkannt wurde, wäre ein ausschließlich instinktgetriebener, jeglichem Frevel und Laster zugetaner Mensch. Diese Klischees sind die Früchte einer dem jeweiligen Zeitgeist verhafteten und von Idealen oder gar Ideologien geleiteten kunsthistorischen Forschung, sie haben sich jedoch durch ihre Aufdringlichkeit in einigen Bereichen durchgesetzt und sind schwer zu berichtigen.

Eine so geartete Kunstgeschichte gründet oft auf genauso gute Absichten wie schlechte Praxis der Disziplin auf methodologische Unzulänglichkeiten und Unkenntnis (bzw. Ignoranz) der geschichtlichen wie künstlerischen Gegebenheiten. Außerdem sind Kunst und Kunstgeschichte freilich nicht gegen falsche Einschätzungen immun, so dass Fehler manchmal aus vorgefertigten Meinungen entstehen, die die Tatsachen systematisch verzerren. Um der Wahrheit die Ehre zu geben: In den letzten Jahrzehnten hat es in der kunsthistorischen Forschung bedeutende Entwicklungen gegeben. So hat man beispielsweise – von den Studien Marco Calvesis ausgehend – versucht, von Caravaggio die dicke Rußschicht der Verteufelung abzuwaschen, die ihn im Laufe der Jahre immer mehr entstellte. Zwanzigjährige ernsthafte Studien widerlegten ein für allemal sein Image als anti-christlicher Künstler. Gleichermaßen seriöse und einem interdiziplinären Ansatz aufgeschlossene Forschungsarbeiten haben zum Verständnis des theologischen Gehalts der Werke von Leonardo da Vinci geführt; sogar die mystische Dimension Michelangelos kam zu Ehren, was nicht zuletzt der Poesie des *Römischen Triptychons* aus der Feder Johannes Pauls II. zu verdanken ist. Die Auswirkungen der ideologisierten Geschichtsschreibung, die zwischen den 1940er und 1980er Jahren die akademische Szene beherrschte, sind allerdings in einigen Bereichen noch stark spürbar, und zwar nicht nur auf dem Gebiet der Theorie, sondern – vielleicht noch mehr – auf dem eigentlich künstlerischen.

Manche Begrifflichkeiten erscheinen so von Missverständnissen und unscharfen Definitionen überlagert, dass ihre Bedeutungen mit größter Sorgfalt entwirrt werden müssen. So gab es beispielsweise eine Vielzahl an – bisweilen widersprüchlichen – Deutungen der Begriffe „Stil" und „Kunst". „Stil" ist kein Synonym für „Kunst", denn es handelt sich stets um eine Teilmenge, um eine Art und Weise, alle Grundsätze der Kunst nach einer Nuance und einer besonderen Eigenschaft zu klassifizieren. Dabei kann kein Stil, so einmalig er auch sein mag, die Prinzipien und Grundlagen der Kunst je vollständig in Frage stellen, sonst handelt es sich der Definition nach nicht mehr um einen Kunststil: Es käme zur Gründung von etwas Neuem, das sogar interessant sein mag, aber keine „Kunst" ist, weil es nicht mehr deren konstitutiven Grundsätzen entspricht. Kunst hat seit jeher in erster Linie die Schönheit zum Gegenstand; Schönheit ist Vorbild und Zweck der Kunst. Wenn dem nicht mehr so ist, dann stehen wir vor einem Menschenwerk, das wir nicht mehr „Kunst" nennen können, das nicht mehr zum Bereich der „schönen Künste" gehört. In unserer Zeit hat man – auf der Grundlage einer wie mir scheint etwas konfusen Auffassung von Kunst – nach Vorläufern des modernen, heutigen Rebellentums oder Nihilismus in der Vergangenheit gesucht. Das verursachte Verwirrung nicht nur unter den Kunstliebhabern, sondern auch bei den Auftraggebern und sogar bei den „Künstlern". Es gibt eine echte Auffassung von Kontemporaneität, die in der Kunst stets gültig bleibt, und sie wird seit jeher in der christlichen Kunst angewandt, um die Botschaft des Evangeliums auf jeweils zeitgenössische Art und im Rahmen der goldenen Regeln der Kunst zum Ausdruck zu bringen. Das erkennen wir beispielhaft in Caravaggios *Berufung des hl. Matthäus*: Der zeitgenössische Mensch (in Gestalt der Zöllner und des Matthäus selbst) ist in seiner tatsächlichen Begegnung mit Christus dargestellt. Den Menschen des ausgehenden 16. Jahrhunderts waren die Kleidung und das Verhalten der dargestellten Personen so vertraut, dass sie in ihnen sogleich die Protagonisten der Erzählung aus dem Matthäusevangelium identifizieren konnten.

Mario Dal Bello hat Caravaggios Kunst in viele Richtungen und in großer Tiefe ausgelotet, insbesondere in Bezug auf die deutliche Absicht des Künstlers, durch die gewaltige Aussagekraft der Kunst das Geheimnis der Menschwerdung darzustellen. So ist auch der Titel des Bandes kein Vorwand, zeigt er doch in Wirklichkeit einen herausragenden Aspekt dieser außerordentlichen Künstlerpersönlichkeit auf, die trotz aller Mühen des Alltags die Schönheit seines Glaubens darzutun vermochte und auch uns, nach mehreren 100 Jahren, den Weg der wahren Kunst weist.

Rodolfo Papa
Kunsthistoriker, Künstler,
Dozent an der Universität Urbaniana – Rom

Einführung

Es ist riskant, zum gegenwärtigen Zeitpunkt ein Buch über Caravaggio, mit vollem Namen Michelangelo Merisi da Caravaggio, zu schreiben. Erstens, weil die Literatur über den Maler schon heute so umfangreich und dazu noch im Zunehmen begriffen ist, dass ein weiteres Werk über ihn überflüssig scheinen mag. Zweitens, weil das behandelte Thema, „Die Caravaggio-Bibel", sich nicht mit einem spezifischen Bildzyklus befasst, so wie es – um nur ein paar berühmte Beispiele zu nennen – bei den Fresken Michelangelos für die Sixtinische Kapelle, die von Raffael und seinen Mitarbeitern für die Loggien im Vatikan (die sog. „Raffael-Bibel") oder die Gemälde Tintorettos für die Scuola Grande di San Rocco in Venedig der Fall ist.
Wenn man jedoch das Œuvre Caravaggios insgesamt betrachtet, fällt dessen starke Vorliebe für biblische Sujets auf und seine eingehende, über die Zeit andauernde Auseinandersetzung mit einigen großen Themen aus dem Alten und Neuen Testament, die den Titel dieses Bandes rechtfertigen. Dies gilt umso mehr, da Caravaggios Ansatz und Interpretation absolut eigenständig sind und eine starke innere Anteilnahme belegen, so dass alle seine Werke mit religiösem Inhalt als Einheit gesehen werden können. Auch sein Standpunkt ist individuell „christozentrisch", eigentlich seinem Zeitalter entsprechend – davon wird später noch die Rede sein – zugleich jedoch stark autobiografisch.

Lebensanschauung und Menschenbild bei Caravaggio sind einmalig und grundsätzlich dramatisch, wie es ja auch die biblische Botschaft oft ist, die der Künstler mehr und mehr mit seiner ganzen Persönlichkeit erfüllt – eher aufgrund eines inneren Bedürfnisses und seiner oft leidvollen Lebenserfahrungen als aufgrund eines intellektuellen Konzepts. Auf diese Weise spricht die Botschaft ganz unmittelbar kommunikativ.
Die Bibel Caravaggios wird also zum künstlerisch durchdrungenen „gemalten Wort"; sie betont einige spezifische Aspekte der Texte, gestaltet sie zu Etappen eines visuellen Kommentars zur Heilsgeschichte und bringt sie in Verbindung zum gelebten Alltag.
Dies alles macht seine Arbeiten bis heute so faszinierend und so anders als die seiner Zeitgenossen und begründet die Forschungen zum vorliegenden Thema. Im vorliegenden Band werden die Werke in Einzelbeschreibungen analysiert, zuweilen auch im Vergleich zu anderen Versionen des gleichen Sujets. Man kann Caravaggios Gemälde immer wieder betrachten und jedes Mal ein neues Detail darin entdecken, was eindrucksvoll beweist, wie tief der Maler in die Bibeltexte eindrang, sie sich zu eigen machte und sie dann, mit persönlichen Anmerkungen versehen, an die Betrachter und Gläubigen weitergab.

Sakralkunst in Rom zur Zeit der „Gegenreformation". Vom Spätwerk Michelangelos zur Carracci-Familie

Die Dekrete des Konzils von Trient brachten der katholischen Kirche eine deutliche Wende im Bereich der religiösen Darstellungen ein. Durch die erklärte Rückkehr zu Einfachheit und Würde, aber auch zu einem unmittelbaren Verständnis der abgebildeten Themen, wollte man einerseits die Funktion der Sakralkunst als *biblia pauperum* („Armenbibel", was religiöse Bilder ja Jahrhunderte lang gewesen waren) stärken und andererseits auf den geringen geistigen Tiefgang manch religiös inspirierter Werke der vorangegangenen Jahre reagieren, während derer die Wiederaufnahme der Klassik oft als neues Heidentum betrachtet wurde.

Das Trauma der protestantischen Auflehnung und die sich daraus ergebende Spaltung Europas veranlasste die katholische Kirche – insbesondere Persönlichkeiten wie Papst Paul IV. Carafa und den hl. Karl Borromäus, Erzbischof von Mailand – zu einer entschiedenen Einflussnahme auf künstlerische Entscheidungen. Es ist kein Zufall, dass sich gerade Paul IV. mit dem Gedanken trug, das Jüngste Gericht Michelangelos abreißen zu lassen, weil es ihm „obszön" erschien. Andere Päpste, von Gregor XIII. bis Sixtus V., hatten sich für eine Wiederentdeckung des „heiligen Roms" der Katakomben und Märtyrer stark gemacht, während eine große Zahl meist lombardischer und flämischer Künstler eine zelebrative und auf Frömmigkeit ausgerichtete Bildsprache entwickelte.

Die Entstehung neuer Ordensgemeinschaften – wie die Kapuziner, die die franziskanische Spiritualität neu belebten, die Jesuiten mit ihrer Förderung der Kultur, die unterschiedlichen Bruderschaften zur Betreuung und Pflege von Kranken und die Oratorianer des (in Rom wirkenden) Florentiners Philipp Neri, die durch Kunst, Theater und Musik im Erziehungswesen auffielen – führte ebenfalls zu vereinfachten Abbildungen der heiligen Geschichten. Sie sollten für die Gläubigen leicht verständlich und eingängig sein. Ziel war die Rückkehr zur Reinheit des Urchristentums.

Im Spätwerk Michelangelos (ab den 40er Jahren des 16. Jahrhunderts), sowohl in der Cappella Paolina im Vatikan als auch in den Zeichnungen und Skulpturen, äußert sich ein angespanntes, gefühlsbetontes religiöses Empfinden. Oft wiederkehrende Sujets sind Pietà und Kreuzigung. Nach Michelangelos Tod (1564) widmeten sich die Künstler religiösen Darstellungen in Anlehnung sowohl an dessen Ausdruckskraft als auch an Raffaels Anmut; es entstanden deutlich „katechetische" Bilder mit eindeutig theatralischer, pathetischer und spiritueller Prägung. Die Zyklen der Passion Christi oder anderer Erzählungen aus dem Evangelium nahmen sprunghaft zu, einerseits um die Rolle der katholischen Kirche als einzige Hüterin der Wahrheit zu bestätigen und andererseits um die Gläubigen zu berühren und zu ermahnen, ihr geistliches Leben zu begleiten.

Bis zum Pontifikat Clemens' VIII., der 1600 das Heilige Jahr mit großer Feierlichkeit beging, lief eine umfassende Offensive der katholischen Kirche gegen den Protestantismus und zur Neuevangelisierung des Volkes durch viele neue Kunstwerke, besonders auf den Gebieten der Architektur und Malerei, zum Zweck einer vorteilhaften Darstellung des Katholizismus und der Reformbemühungen der Päpste. Die Kunst wurde einmal mehr zum Werkzeug der Propaganda und Katechese.

Es entwickelte sich also ein Stil, dessen Vorbilder Michelangelo, Raffael und Correggio waren und der in den dargestellten Szenen des Evangeliums Macht mit Einfühlsamkeit zu verbinden verstand. Besonders beliebt waren Abbildungen des Leidens und der Auferstehung Jesu. Der bedeutendste unter den Zyklen, bei denen jeweils die Kreuzigung im Mittelpunkt steht, ist der 1570–1575 im römischen Oratorio del Gonfalone entstandene mit seinen zwölf Christuserzählungen verschiedener Spätmanieristen, darunter Marco Pino und Federico Zuccari. Jedes Bild wird von einem Messias beherrscht, der über den Ereignissen steht, glorreich auch im Schmerz; er erscheint friedlich in einer klassischen Kulisse, in der diverse Personen in gezwungenen, theatralischen Posen agieren. Die ständige Bezugnahme auf die hoch verehrten Raffael und Michelangelo wird in der *Auferstehung* von Marco Pino besonders deutlich.

Ein bedeutender Künstler aufgrund seines eigenen Stils und seiner Einflussnahme auf ganz Italien ist Federigo Barocci. Er stammte aus Urbino, arbeitete jedoch auch in Rom, besonders in der Chiesa della Vallicella, dem Wirkungs- und Begräbnisort des hl. Philipp Neri. Barocci ist ein gebildeter, intelligenter Maler, der die Lehren der alten Meister zu einer neuen, einzigartigen Formensprache vermengt. In den von ihm gestalteten Szenen ist das Pathos stets beherrscht, die Theatralik ausgewogen. Er verwendet leuchtende Farben und sanftes Licht. Seine Werke äußern große Gefühle, aber nie übertrieben. Die Personen sind durchweg antik gekleidet, ihre Umgebung ist jedoch oft häuslich-familiär (mit Tieren, Blumen, Früchten). Idyllische Momente (wie die *Ruhe auf der Flucht nach Ägypten* – Rom, Vatikan) wechseln mit pathetischen ab (*Kreuzabnahme* – Dom von Perugia). Viele seiner Zeitgenossen betrachten Barocci als Modell einer persuasiven Kunst ohne Unebenheiten.

Auf der gleichen Linie, aber mit größerer Ausdruckskraft, arbeitete Annibale Carracci aus Bologna. Anfang des 17. Jahrhunderts zog er – wie zahlreiche weitere Kollegen, darunter Guido Reni, Guercino und Domenichino – nach Rom und erfand dort einen edel-klassischen Stil sowohl in seinen mythologischen Fresken (Rom, Palazzo Farnese) als auch in den biblischen Szenen (*Beweinung Christi* – Neapel, Museum Capodimonte). Die Wege dieser Künstler werden sich mit denen Caravaggios kreuzen; zum Teil werden sie dessen Stil übernehmen, zum Teil sich davon distanzieren. Auch sie werden sich mit religiösen, insbesondere christologischen Sujets beschäftigen, darin allerdings nie die leidenschaftliche Ergriffenheit eines Michelangelo Merisi erreichen. Ihre Kunst bleibt – trotz aller naturalistischen Details – hoch und edel, also weit entfernt von der unbändigen Vitalität Caravaggios, die einen für die Kunstwelt heilsamen Skandal verursachen wird.

Dies ist das künstlerische und kulturelle Umfeld, in dem der lombardische Maler nach seinem Umzug von Mailand nach Rom wirken wird: eine „akademische" Kunst, den Vorgaben der großen Meister der Vergangenheit verpflichtet, verwoben mit dem Bedürfnis nach direkteren, einfacheren Kommunikationsformen, nach einer tieferen, ansprechenderen Religiosität.

Hauptmerkmale von Caravaggios Sakralkunst

Für Caravaggio sind – wie für seine Zeitgenossen – überwiegend Aufträge für religiöse Sujets festzustellen. Es geht insbesondere um das Leben Jesu und um bestimmte, damals sehr beliebte Erzählungen aus dem Alten Testament, wie *Die Opferung Isaaks* oder *Judith und Holofernes*. Absolut neu ist jedoch seine Interpretation. Natürlich steht er unter dem Einfluss sowohl seiner lombardisch-venetischen Ausbildung, die zum Realismus und zur Betonung der Farbe als Hauptelement neigte, als auch seines Kontakts zum Klassizismus und dessen Meistern in Rom sowie bestimmter Elemente der mitteleuropäischen Kunst. Was Caravaggio jedoch am meisten interessiert, ist der Mensch.

Seine Suche nach künstlerischen Ausdrucksmöglichkeiten geht ganz in diese Richtung, so dass alles, was das Menschenleben mit seinen Gefühlen, Emotionen, Spannungen betrifft, zum Schwerpunkt seiner Werke wird. Die Tiefe seiner psychologischen Durchdringung, seine Suche nach Innerlichkeit, seine persönliche Anteilnahme am Dargestellten verursachten seinerzeit Staunen und Skandal, nicht zuletzt wegen der ungezügelten Kraft, mit der er zu Werke ging.

Mit Echtheit verbundene Kraft ist in der Tat das Kennzeichen von Caravaggios Kunst und sein Ansatz zur Abbildung des Bibelgeschehens. Nur zu verständlich, dass er deswegen auf Befremden und sogar Protest stieß, stand er doch in deutlichem Gegensatz zu den Ruhe und Vertrauen ausstrahlenden Bibeldarstellungen seiner Zeitgenossen.

Dennoch liegt Caravaggio auf gleicher Linie mit den Forderungen der „Gegenreformation", mit dem von Philipp Neri und Karl Borromäus gepredigten „Pauperismus des Evangeliums", mit der Fürsorge für die Minderbemittelten, vor allem aber mit einer Deutung des Evangeliums, die tatsächlich im Alltag gelebt werden kann. Sein „Realismus" oder „Naturalismus", wie man ihn nennt, ergibt sich nicht nur aus der lombardischen Herkunft, sondern aus der Notwendigkeit, die Geschichten des Evangeliums auf eine Art und Weise zu vermitteln, die sie nicht in die Vergangenheit, sondern in die Gegenwart einbettet, was auch bedeuten soll, dass sie in dieser Gegenwart aufs Neue geschehen können und sollen – daher seine Vorliebe für das einfache Volk, dargestellt bei seinen üblichen Tätigkeiten, in seinem gewöhnlichen Umfeld und mit authentischen Gesichtszügen. Der Wahrheitsgehalt der Bilder wird vervielfacht, denn die heiligen Szenen sind volksnah und deshalb glaubwürdig. Caravaggios Kunst wird hoch eloquent, nicht weil sie rhetorisch oder ausführlich wäre, sondern weil sie den Betrachter anspricht. Seine Malerei ist immer „sprechend", eben das „gemalte Wort", und Christus wird tatsächlich zum „Mensch gewordenen" Gott, ein Mensch wie wir und deshalb oft mit tief menschlichen Empfindungen wie Schmerz, Überraschung, Niedergeschlagenheit oder Zuversicht vorgestellt. Allerdings vernachlässigt dieser Mensch gewordene Gott nie seine eigentliche Aufgabe: Auch unter hoch dramatischen Umständen bleibt er der Messias, der alles erträgt, aber seiner Entscheidung treu bleibt.

Caravaggio fixiert diese innerliche Kraft Christi vor allem in seinen Gesichtszügen. Die Jesus-Gesichter des Künstlers sind von ergreifender Schönheit: Sie haben nichts von der Schönheit der Bilder Raffaels oder Michelangelos, sind nicht idealisiert, besitzen gewöhnliche, zuweilen porträtähnliche Züge, doch bekleidet der Maler sie mit seinem besonderen Licht, so dass sie trotz manch derber Physiognomie – wie z.B. *Der ungläubige Thomas* – eine deutliche spirituelle Anmut behalten.

Caravaggios Christus entspricht dem der drei synoptischen Evangelien (Markus, Matthäus und Lukas), in denen seine Menschlichkeit hervorgehoben wird: Müdigkeit, Wut, Zärtlichkeit, Entschlossenheit, Mühe, Schmerz, Aufschrei. Deshalb ist er ganz Mensch, kann sich mit dem Menschen identifizieren und jeder Mensch mit ihm. Etwas von ihm bleibt jedoch stets Geheimnis. Caravaggio erforscht diesen Aspekt mit einer oft ergreifenden Einfühlsamkeit. Der in Gedanken versunkene Jesus mit den Emmaus-Jüngern (Mailand) oder der gleichmütige des *Ecce Homo* in Genua, jeweils von Schatten bzw. Licht umgeben, bezeugen die kaum fassbare Essenz eines Ereignisses, das weit über uns hinausgeht. Caravaggio vermag an jener geheimnisvollen Schwelle anzuhalten, die zur Innerlichkeit des Bewusstseins führt; sie entzieht sich uns, er aber verzichtet nicht darauf, sie zu ergründen. Deswegen nimmt er vor den dramatischen Ereignissen des österlichen Triduums nicht Reißaus. Die gesamte Passion wird ausgelotet, neu interpretiert. Von manchen Szenen entstehen zwei verschiedene Versionen, mit beeindruckender geistiger Scharfsicht und einzigartiger Ausdruckskraft, denn es geht ja um die Passion jedes Menschen, auch seine eigene, die des Künstlers. Die Geißelungen, die Dornenkrönungen wie auch die Abendmahlszenen in Emmaus präsentieren ein natürlich gestaltetes Wechselbad zwischen Gewalt und Erstaunen. Ihre tiefe innere Kraft weckt im Betrachter und Gläubigen eine unmittelbare affektive Anteilnahme. Das Dargestellte ergreift uns, es lässt uns nie gleichgültig, denn man spürt, dass der Künstler als Erster davon betroffen war.

Man könnte also tatsächlich von einer „Christologie Caravaggios" sprechen. Darin wird das altehrwürdige, besonders im Mittelalter beliebte Thema der „Pietas", d.h. der liebevollen Betrachtung der Passion Jesu, als modernes, zeitgenössisches Drama des Menschen in seiner untrennbaren Einheit zwischen Seele und Körper ausgelegt, das vollständig und in seiner ganzen Wahrheit zum Ausdruck gebracht werden soll. In dieser Hinsicht steht Caravaggio Shakespeare nahe.

Die gleichen analytischen Fähigkeiten beweist der Maler in Bezug auf andere Heiligengestalten. Magdalena und Maria treten am häufigsten auf. Modell stehen ihm auch dazu Frauen aus dem Volk, die er, wie es damals üblich war, in seinem Atelier abzeichnet und dann auf der Leinwand neu kreiert. Sein Realismus ist eine Beschreibung der Dinge und Personen, aber nicht so, wie sie in Wirklichkeit erscheinen, sondern so, wie er sie interpretiert, denn er besitzt die Fähigkeit, nicht das Wahre zu beschreiben, sondern „das Wahre zu erfinden", es universal und für alle Zeiten gültig zu machen.

Die Magdalenen und Marien sind junge und weniger junge Frauen mit fülligen Gesichtern, großen Augen, beherrschten Zügen: Ihr Blick (wie bei der *Madonna dei Pellegrini* in Rom oder bei den *Sieben Werken der Barmherzigkeit* in Neapel) ist voller Sanftheit, aber sie kennen auch Entschlossenheit (z.B. *Judith*) oder besinnliche

Ruhe (*Flucht nach Ägypten* oder *Geburt Christi*). Es handelt sich in jedem Fall um starke Persönlichkeiten, die keine Schwäche zeigen. Caravaggio kennt die sehr weibliche Fähigkeit zur beharrlichen, mutigen Liebe.

In allen seinen Werken, gleichsam ein „dramatisches Theater" der Menschheit, stellt der Maler jeden Menschentypus und -charakter dar. So wird Johannes der Täufer zu einer Studie der Jugend, die Apostel zu einem Ausblick auf Reifezeit und Alter. Es ist das Menschenleben in seinen unterschiedlichen Phasen und Ereignissen, das von Caravaggio erfasst und dargestellt wird durch die biblischen Erzählungen, die das Eingreifen Gottes in die Geschichte anzeigen.

Seine Kunst ist in der Gegenwart verankert, im „Hier und Jetzt". Caravaggio malt nicht für die Ewigkeit wie Michelangelo, der sich z.B. für die *Bekehrung des Saulus* (Vatikan, Cappella Paolina) eine große, mit Personen gedrängte Szene mit unwirklichen Farben und plastisch gestalteten Körpern ausgedacht und dafür einen Ort außerhalb von Raum und Zeit gewählt hatte. Für dasselbe Sujet wählt Caravaggio in Santa Maria del Popolo (Rom) einen geschlossenen, beschränkten Raum für einen Heiligen, dessen Bekehrung sich rein innerlich vollzieht: Hier gibt es keinen Christus, der Paulus blendet, wie es bei Michelangelo der Fall ist, und auf dem Bild sind sonst nur ein Stallbursche und ein Pferd zu sehen. Die Geschichte geschieht jetzt und hier, Gott greift in die Gegenwart ein.

Deshalb wird das Licht peu a peu enthüllt; es ist nicht kristallhell wie bei Buonarroti, sondern entspringt oft aus dem Schatten, der häufig die Leinwand entzwei schneidet und die Wahrhaftigkeit des Ereignisses betont. Das „Caravaggio-Licht" hat also eine dingliche wie moralische Bedeutung: Es ist die Gnade Gottes, die – wie ein Keil – ihren Weg findet zur Berufung des Matthäus; es ist die Vertraulichkeit und Wärme der Geburt Christi, es ist die schmerzvolle Kraft im Körper des gegeißelten Christus. Und es entsteht – wie bei den lombardischen Malern üblich – aus der Dunkelheit. Der Schatten ist daher nicht simple physische Finsternis, sondern genauso geistige Nacht, spirituelles Drama, wie in der letzten Version von *David und Goliath*, worin der Riese aus dem schwarzen Hintergrund hervor ins Licht kommt. Bei Caravaggio schafft der Schatten stets Leben.

Das Leben selbst wird durch die „sprechenden" Körper dargestellt. Sie sind nicht im klassischen Wortsinn schön, die von Caravaggio abgebildeten Gestalten, sie werden ja nicht idealisiert. Ihre Harmonie ist ganz anderer Art als die der Zeitgenossen Carracci, Reni oder Cesari, die sich an die klassischen Vorgaben halten, denn sie gründet auf der Einheit zwischen Seele und Leib. Bei Caravaggio kommt das innerlich Erlebte jedes Individuums unmittelbar in seinem Körper zum Ausdruck. Die einsame Askese eines hl. Hieronymus artikuliert sich, je nach Situation, in aufgewühlten bzw. meditativen alten Männern; ihr ermatteter Körper ist von einer „hässlichen" Schönheit, die nicht anti-klassisch, sondern „außer-klassisch" ist. Zerfurchte Gesichter, wie das des gekreuzigten Christus in Santa Maria del Popolo, enthalten eine Ausdruckskraft mit einer neuartigen Schönheit: nicht die idealisierte, sondern die gelebte, und nach Caravaggios Ansicht ist das Leben immer lebenswert. Nicht zufällig stellt er sich auf einem der letzten Gemälde (*David und Goliath* – Rom, Galleria Borghese) gleich zweimal dar: einmal im jugendlichen, blassen, perfekten Gesichtsoval Davids und dann in der starren Fratze Goliaths, Ausdruck seiner eigenen Angst vor dem Tod. Diese Schönheitsformen sind nicht gegensätzlich, sie sind komplementär, denn der Maler erzählt von zwei Abschnitten desselben Lebens.

So kommen wir zur Diskussion über die stark autobiografische Komponente in Caravaggios „heiligen" Bildern. Es gibt fast keines, in dem er sich nicht in irgendeiner Weise selbst porträtiert hätte, manchmal sogar zweimal, wie im oben beschriebenen *David und Goliath* oder in der *Auferstehung des Lazarus* (Messina), auf die wir noch eingehen werden. Es handelt sich jedoch nie um einfache Selbstporträts, quasi als Unterschrift oder als Komparse, wie wir es beispielsweise in vielen Gemälden Tizians feststellen. Genauso wie seinerzeit Dürer es gewagt hatte, ein Bildnis von sich selbst als jungem Christus zu malen, stellt Caravaggio sich mit vollkommener persönlicher Anteilnahme in das Erzählte hinein. Er will uns damit kundtun, dass die dargestellten Ereignisse ihn tief innerlich ergreifen, denn sie ereignen sich nicht vor vielen Jahrhunderten, sondern hier und jetzt.

Zuweilen scheint es, als wolle der Künstler einen persönlichen, geistig motivierten Kreuzweg gehen, um letztendlich zu einem „Lichtweg" zu gelangen. Schauen wir auf seine Lebensgeschichte, könnten wir uns darunter die ersehnte päpstliche Begnadigung (also ein ruhigeres Leben) nach Jahren des Leids und der Flucht vorstellen. Caravaggios Realismus ist demnach eine Summe von besonderen Eigenschaften. Zunächst weil – wie weithin bekannt – er die Gemälde mit Modellen in seinem Atelier vorbereitet, und diese ausgeklügelte Inszenierung verleiht seinen Bildern eine eindeutig theatralische Komponente. Caravaggio benutzt die Körper seiner Schauspieler-Modelle wie ein Regisseur, berechnet deren Posen und Körpersprache und fixiert sie dann entweder ganz, als Halbfiguren oder aus nächster Nähe, je nach der dramatischen Wirkung, die er erzielen will. So sind die scheinbar spontanen Gesten seiner Personen in Wirklichkeit immer das Ergebnis aufmerksamster Betrachtung und Anleitung, um – wie schon gesagt – das Wahre zu erfinden.

Sein Realismus ist in allen Fällen detailgenau durchdacht. Wir könnten ihn als „Realismus der Seele", d.h. des Menschen in all seinen Dimensionen definieren, als spezielle „Interpretation" des Menschen in bestimmten Augenblicken seiner Geschichte durch die Erzählungen des Evangeliums. Diese werden zu einer Art Spiegel der Menschengeschichte, die sich in ihnen wiederfindet; Christus wiederum spiegelt in seinem Dasein die Menschheitsgeschichte wider. Das heißt: Biblische Geschichte und menschliche Geschichte stimmen überein.

Die diesbezügliche Entwicklung des Künstlers ist keineswegs linear; es gibt Schwankungen und Gegensätze. Man denke nur an die unterschiedlichen Versionen des gleichen Sujets (*Bekehrung des Saulus, Abendmahl in Emmaus, David und Goliath* ...). Besonders bestimmend ist seine Verwendung von Licht und Farbe.

Auf die dramatische, vitale Funktion von Licht und Schatten wurde schon hingewiesen. Gegen Ende seines Lebens maß der Maler dem Schatten selbst eine immer größere Bedeutung zu: Das Licht wird schwächer, zuweilen erscheinen nur kleine Lichtblitze (z.B. im *Martyrium der hl. Ursula*, Neapel), die sozusagen „Worte der Seele" sind. Auch die Farbe, die in den frühen Gemälden noch leuchtend, pastos und weich ist, wird mit der Zeit gleichsam geschmälert, oder besser, auf wenige grundlegende Farbtöne beschränkt: Rot, Weiß, Schwarz. Diese werden in wunderschönen und oft schmerzgeladenen Variationen verwendet und präsentieren sich gleichsam als „Stimmen" der Personen oder der dargestellten Szene. Die höchste Stufe davon finden wir in den neutral gehalten Hintergründen der maltesischen und sizilianischen Werke, die sich Caravaggio mit einer entschieden moralischen Zielsetzung und einer einzigartigen psychologischen Durchdringung ausdenkt.

Diese Werke sind – wie für den Maler typisch – vielstimmig, ausgedehnt angelegt, auch wenn nur ein oder zwei

Personen auf der Leinwand zu sehen sind. Bei Caravaggio ist immer ein allgemeiner, universal anwendbarer Aspekt erkennbar, der auf dynamische, zuweilen aggressive, niemals konstante Weise zum Ausdruck gebracht wird. Merisis Kunst ist immer „Geschehen" und nie Beweihräucherung eines Ereignisses der Vergangenheit. Und seine tiefe Religiosität ist fast unheimlich aufrichtig (obwohl er als „schlechter" Katholik galt), so sehr weiß er die tiefsten Ebenen des Erzählten zu durchdringen.

Die „Bibel des Caravaggio" wird also zu einer gemalten Betrachtung über den Weg der Menschheitsgeschichte, durchlebt von einem Gott-Menschen, der die Erdenbewohner von der Finsternis ins Licht, vom Schmerz zur Hoffnung führt. In der Tat ist die Hoffnung die Dimension, die der gesamten von Caravaggio erzählten heiligen Geschichte zugrunde liegt und darin eine nicht alltägliche Ausdruckskraft entwickelt. Diese Kraft war seinerzeit Ursache von Skandal und von einer Faszination, die wir bis heute spüren. Sie ist ein Charakterzug caravaggesken Kunstschaffens. Und diese nicht nur künstlerische Stärke ging auf andere große Künstler über, darunter Rembrandt. Er beschränkte sich jedoch nicht, wie es einfache Nachahmer taten, auf die Spezialeffekte des Chiaroscuro oder einen oberflächlichen Realismus, sondern begriff die einzigartige moralische und geistige Tiefe der christlichen Auffassung Caravaggios.

Altes Testament

Nur drei der zahlreichen alttestamentlichen Sujets, die in der bildenden Kunst viele Male dargestellt wurde, hat Caravaggio bearbeitet: Isaaks Opferung, Judith und Holofernes, David und Goliath. Der Blickwinkel, von dem aus Caravaggio auf diese Personen schaut, ist der einer scharfsichtigen Erforschung hoch dramatischer Momente mit einem detaillierten Psychogramm, gepaart mit der Zurschaustellung menschlicher Grausamkeit in ihren blutigsten Aspekten.
Frühere Vorbilder – von den lombardischen über die toskanischen zu den römischen Malern – gehören zum kulturellen Besitzstand des Künstlers, der jedoch mit einem Schlag die Darstellungen aus der Vergangenheit und sogar die seiner Zeitgenossen hinter sich lässt und lieber ein „Theater der Menschenseele" in ihren gewaltsamsten oder auch subtilsten Äußerungen schafft. Auf diese Weise wird das religiöse Sujet in einer Tiefe und einem Bedeutungsreichtum erforscht, die für den damaligen Betrachter völlig neu waren.

1. Die Opferung Isaaks

Öl auf Leinwand, 104 x 135 cm. Florenz, Uffizien

Der Bericht aus dem 22. Kapitel des Buchs Genesis wurde von den Künstlern im Allgemeinen mit einer starken Betonung der Dramatik dargestellt. Caravaggio schuf diese Version um 1603 für Maffeo Barberini, einen gebildeten Prälaten, dessen Porträt er ebenfalls malen wird, der spätere Papst Urban VIII.

Die bewegte Szene spielt sich vor einer von Caravaggios sehr seltenen Landschaften ab; er hat sich längst von der venetischen Malart gelöst und eine schwer definierbare Sensibilität entwickelt, die sogar manchen Impressionisten vorwegzunehmen scheint.

Das Licht schlägt von links auf den Körper des Engels und strahlt von dort auf Isaak aus, der unter dem drohenden Messer in der Hand des Vaters aufschreit. Es ist das Herzstück der Geschichte. Der Engel zeigt mit dem Finger auf den Widder am rechten Bildrand: Leonardo hatte diese Geste erdacht, die danach von vielen Malern übernommen wurde, um eine göttliche Intervention anzudeuten. Abraham ist einer von den kahlköpfigen, bärtigen, starken alten Männern, die seinerzeit Tintoretto erfunden hatte, die Caravaggio so gern darstellt und die im Barock zur Normalität gehören werden.

Die gestuelle Kraft des Engels – mit seinen klassischen, ja knabenhaften Zügen – wird unterstützt vom Licht, das die Leinwand quasi entzwei schneidet, und offenbart sich in seinen Händen: Die eine zeigt, die andere hält Abrahams Handgelenk fest. Durch den Engel offenbart Gott seine Kraft dem Menschen Abraham. Er wird vom Licht des Engels erhellt, das auch die Umrisse der Bäume aus dem Dunkel zieht (eine Erinnerung an die *Drei Philosophen* Giorgiones?) und sich dann in schnellem Lauf dem Landschaftshorizont zubewegt – wie das Eingreifen Gottes, das die menschlichen Nöte zu einem guten Ende führt.

Caravaggio betont die bevorstehende Gewalthandlung: Das blitzende Messer steht im Vordergrund, wird zu einem Protagonisten der Szene, und in nächster Nähe befindet sich das Gesicht des zu Tode erschrockenen Jungen, der den Straßenjungen ähnelt, die der Künstler ein paar Jahre zuvor gemalt hat. Das Gesicht und der unhörbare Schrei sind unvergesslich als ein frühes Beispiel des Aufschreis der misshandelten Jugend in der italienischen Malerei.

Mit Gestalten wie dieser liefert Caravaggio den Beweis für seine bahnbrechende Expressivität. Die biblische Erzählung wird zur Äußerung sowohl des Angriffs gegen die Unschuld als auch der Standhaftigkeit im Glauben. (Man bemerke die Plastizität von Abrahams Handgelenk.) Durch die Zusammenlegung zweier nicht gleichzeitiger Handlungen (die Opferszene und die Entdeckung des

Widders) entsteht eine gebremste Dynamik, der die warme, einhüllende Farbe von Abrahams Kleidung eine einzigartige Lebendigkeit verleiht. Sie unterstreicht das ungestüme, plötzliche Eingreifen des Göttlichen im Menschenleben, ein Motiv, das wir auch in anderen Bildern Caravaggios finden und das den Effekt der Einbeziehung des Betrachters noch deutlich erhöht. Im Gegensatz zur vorliegenden ist die frühere Version (1597–1598, Princeton, Sammlung Piasecka-Johnson) weit weniger gewaltsam. Der jugendliche Engel befindet sich im Gespräch mit dem alten Abraham und zeigt ihm den Widder. Der Gesichtsausdruck Isaaks zeigt eine Mischung aus Ergebenheit und Überraschung. Die ganze Szene strömt großen Frieden aus. Das Licht macht am Gesicht des lächelnden Engels Halt, steigt herab und durchbricht die Dunkelheit, um verschiedene Teile von Isaaks weichem Körper zu beleuchten. Diesmal bahnt sich die Gnade Gottes unaufdringlich ihren Weg in einer eher von Stille als von Lauten geprägten Umgebung. Caravaggio hebt die Vertraulichkeit des Gesprächs zwischen dem Menschen Abraham und dem Engel-Gott hervor, vor dem Hintergrund einer dunklen, nur durch die übernatürliche Erscheinung erhellten Nacht. Überdeutlich ist auch hier die sowohl physisch-theatralische als auch symbolische Funktion des Lichts als eine Art „Wort", das die Ankunft des Göttlichen begleitet.

2. David und Goliath

Öl auf Pappelholz, 90,5 x 116 cm. Wien, Kunsthistorisches Museum

Das Tafelbild entstand 1607 über einem Gemälde aus dem Cinquecento und stellt eine der berühmtesten alttestamentlichen Erzählungen dar (1 Sam 17). Im Unterschied zu anderen Künstlern, wie z.B. Michelangelo in einem Zwickel der Sixtinischen Kapelle, stellt Carvaggio nicht den Augenblick vor der Enthauptung Goliaths durch David dar, sondern den darauf folgenden, als der junge Mann aufsteht und allen Umstehenden den Kopf des Riesen zeigt. Aus dem dunklen Hintergrund taucht die athletische Gestalt des Helden auf mit seinem entschlossenen Blick, leuchtend in seiner triumphierenden Sicherheit und doch fern, unbeteiligt, verloren in Gedanken der Dankbarkeit gegenüber Gott, an den er sich vor dem Duell gewandt hatte, nachdem er von Goliath öffentlich wegen seiner jungen Jahre verhöhnt worden war. Das starke Licht, das von links den Beutel und seinen Oberkörper mit dem losen Hemd beleuchtet, in dessen Falten sich der Schatten in einem wunderschönen Helldunkeleffekt hineinschmiegt, fixiert sich schließlich auf den entstellten Zügen Goliaths mit offenem Mund – ein geradezu erschütterndes Selbstporträt des Künstlers. Die Reglosigkeit des Bildes macht es zu einer Art Vision eines Ereignisses außerhalb von Raum und Zeit, über das wir nachdenken sollen. David wird zum Symbol des jugendlichen Selbstbewusstseins und des von keinem Zweifel getrübten Glaubens gegenüber Gott, der die Geschichte leitet.

In diesem Werk ist jedoch auch ein tiefes Drama verborgen. Auf der einen Seite verinnerlicht der junge Mann einen Sieg, der ihm eine noch unbekannte Zukunft eröffnet; auf der anderen ist das Leid des Malers angesiedelt, der sich selbst in der Haut eines Leichnams darstellt und angstvoll über den eigenen Tod reflektiert. Es waren in der Tat seine letzten Lebensjahre, die er als aus Rom Geflohener an verschiedenen Orten verbrachte. Caravaggio hat seinen Stil inzwischen aufs Äußerste verdichtet. Die Farbpalette sieht nur noch Weiß, Ocker, Schwarz und Grau vor, um ein Maximum an Helldunkelspiel zu ermöglichen und gleichzeitig das Gesagte ins Grandiose zu steigern und zu suggerieren, dass David, der das Schwert in Ruhepose auf die Schulter legt, auch das Abbild des Lebens ist, das dem Tod trotzig die Stirn bietet.

Von diesem biblischen Motiv gibt es zwei weitere von Caravaggio geschaffene Versionen. Die ältere (1597–1598, heute in Madrid, Prado-Museum) zeigt den jungen Mann in einem hellen Gewand mit ausgeprägtem Schattenspiel. Er hat soeben Goliaths Kopf abgeschlagen und ist dabei, ihn vom Boden aufzuheben. Die Profilansicht Davids, von einem leichten Schatten umgeben, zeigt ihn noch

stark angespannt; das Mondlicht heftet sich an den langen Arm und das unbedeckte Bein und betont seine starke Persönlichkeit und den entschlossenen Charakter. In diesem Werk unterstreicht Caravaggio die Macht der Gnade, die den mit einer göttlichen Mission betrauten jungen Mann umgibt, während der massige Körper und die große Faust des Riesen einen markanten Kontrast dazu bilden. Im Unterschied zur Wiener Variante verstärkt die „Nahaufnahme" das erzählende Element mit einem durchkonstruierten Gegensatz zwischen Licht und Schatten, die auch hier im Dunkel des Hintergrunds ineinander übergehen.

Die dritte Fassung des Sujets geht vielleicht auf 1610, das Todesjahr Caravaggios, zurück und ist in der römischen Galleria Borghese zu besichtigen. Sie entstand vermutlich für Kardinal Borghese, um die päpstliche Begnadigung nach dem Mord an Tomassoni zu erflehen und ist ein wahrhaft herzzerreißendes Bekenntnis. Besonders die Affinität zwischen persönlicher und biblischer Geschichte ist beeindruckend.

Ein junger, todtrauriger David scheint eher über das vor ihm liegende Leid (von dem in den folgenden Kapiteln der Bibel die Rede ist) als über die Freude seines Sieges nachzudenken. Er zeigt das verunstaltete Antlitz Goliaths, das letzte Selbstporträt des Künstlers nach dem Attentat, das von den Malteserrittern in Neapel gegen ihn verübt wurde.

Das Bild ist eher eine Monochromie in weiß und braun als ein Farbgemälde und sowohl eine flehentliche Bitte um Begnadigung – Caravaggio stellt sich zwei Mal dar: so wie er als Jugendlicher war und in seinem jetzigen Aussehen – als auch eine Betrachtung über menschliche Verzweiflung und Angst vor dem bevorstehenden Tod. In der Geschichte von David und Goliath erkennt der Maler eine Metapher seiner persönlichen Angelegenheiten und der Leben-Tod-Beziehung, die seine Existenz (wie die jedes Menschen) geprägt hat. Die beiden Personen, beide im Vordergrund und in ihrer Pose erstarrt durch einen Scheinwerfer, der kaltes Licht auf Gesicht und Brust des jungen Mannes wirft und auch auf einen Teil von Goliaths Gesicht abgleitet, sind unbeweglich wie eine Ikone der Schmerzen. Sie erinnern an die Qual einer Kreuzigung Grünewalds oder die Trostlosigkeit des späten Michelangelo.

Wie der stille, betrübte David hegt jedoch auch Caravaggio noch eine leise Hoffnung, dass der Tod nicht das letzte Wort hat.

3. Judith und Holofernes

Öl auf Leinwand, 144 x 195 cm. Rom, Galleria Nazionale di Arte Antica, Palazzo Barberini

Das Bild entstand für den Bankier Ottavio Costa um 1599, als der Maler in den Kreis um Kardinal Del Monte, seinem Protektor, trat.

Das berühmte Motiv aus dem 13. Kapitel des Buchs Judith wurde im Laufe der Jahrhunderte höchst unterschiedlich dargestellt. Botticelli zeigt die Heldin bei ihrer Rückkehr ins Lager der Israeliten; er legt den Akzent auf die Schönheit der jungen, fast schwerelosen und versonnenen Frau im Morgengrauen, während die Magd Holofernes' Haupt auf dem Kopf hinterherträgt. Michelangelo stellte in der Sixtina den Moment dar, als Judith das Zelt verlässt, in dem der Riesenkörper des enthaupteten Feindes liegt. In allen Fällen ist Judith das Symbol weiblicher Stärke, Gottvertrauen und Befreiung aus der Unterdrückung. Caravaggio erfindet eine höchst theatralische, in jedem Detail ausgeklügelte Darstellung, um den Betrachter zu beeindrucken, ja Abscheu in ihm zu wecken. Auf der waagerechten Leinwand ist die Szene vor den Hintergrund eines großen blutroten Tuchs gesetzt, quasi eine Theaterkulisse, der sich der Künstler immer öfter bedienen wird, um die Wirkung des Erzählten zu steigern. Das starke Licht fällt von links auf Judith, die ihrem Feind gerade den Kopf abschlägt, und unterstreicht die rein weiße Bluse der jungen Witwe, ihr blondes Haar und den muskulösen Körper des Holofernes, vor Schmerz aufs Äußerste angespannt. Das Blut spritzt hell und heftig auf das blütenweiße Leintuch. An Judiths Seite schaut die alte Dienerin entsetzt dem Geschehen zu und hält ihre Schürze auf, damit der Kopf hineingelegt werden kann. Caravaggios Darstellung ist in ihrem grausamen Realismus absichtlich hart und erschreckend, erinnert vielleicht sogar an die öffentlichen Hinrichtungen der damaligen Zeit. Ebenso absichtlich unterschlägt er andere, beruhigende Elemente des biblischen Berichts.

In der fülligen Schönheit aller Frauengestalten Caravaggios ist Judith, angespannt aber entschlossen, das bewusste Werkzeug eines Gottesurteils, und zwar viel mehr als die Alte – ein Menschentypus, dem wir in Caravaggios Gemälden öfter begegnen –, die dem Ereignis zwar als Komplizin beiwohnt, aber daran eher am Rande beteiligt zu sein scheint.

Der Maler betont die moralische Stärke der Heldin, in deren Züge er freilich auch eine gewisse Furcht legt. Sie wird zum Sinnbild radikaler Lebensentscheidungen für die Freiheit, die immer riskant sind. Das prägnante Licht sagt uns jedoch, dass sich das Geschehen unter dem Blick Gottes vollzieht.

Mit diesem Bild beginnt Caravaggio eine lange Reihe gewaltsamer Darstellungen mit stark dramatischer Wirkung, in denen er sich mit den Tragödien des Lebens und den Konflikten zwischen Verfolgten und Verfolgern auseinandersetzt. Er benutzt die biblischen Geschichten als Anlass für seine ureigenen Meditationen über das Leid. Die Thematik des Blutvergießens zieht sich ja durch sein ganzes Werk, wie die Verwendung der blutroten Farbe deutlich macht.

Das Bild hatte von Anfang an einen immensen Erfolg und wurde von Scharen italienischer und europäischer Maler kopiert und als Inspiration verwendet. Allerdings erfassten längst nicht alle seinen Sinn einer moralischen Revolte gegen die Unterdrückung und des Vertrauens in einen Gott, der sein Volk durch „schwache" Geschöpfe – Jünglinge wie David oder Frauen wie Judith – befreit. Viele Maler bedienten sich dieser Vorlage nur als Vorwand für blutrünstige oder dramatisch-emphatische Szenen und schufen damit ein ganz spezielles Kunstgenre.

Neues Testament

Die meisten biblischen Sujets Caravaggios stammen aus dem Neuen Testament. In dem – von Beginn an dramatischen – Lebenslauf Christi findet der Maler eine Parallele, eine klare Übereinstimmung mit der menschlichen Geschichte und ihren schmerzvollsten Windungen, auch wenn die Hoffnung seinen Gedanken niemals ganz abhanden kommt. Heilige Geschichte und menschliche Geschichte sind in mancher Hinsicht deckungsgleich, nicht zuletzt weil jedem menschlichen Dasein eine gewisse Weihe innewohnt.
Diese Intuition ist für Caravaggio spezifisch und äußert sich, nach einer kraftvollen Erforschung der Gefühlswelt, in einer überzeugend theatralischen Gestaltung, einer tiefen Betrachtung über jeden Vers aus dem Evangelium, der dem Künstler einzigartige psychologische und spirituelle Feinheiten eingibt.
Seine Bibel der Armen und Demütigen erscheint gleichsam als Film des gesamten Menschenlebens; dabei liegt auch den blutigsten Momenten ein pietätvoller Blick zugrunde. Christus wird zum Menschen unter Menschen – Schmerzensmann, aber nicht nur das. Durch den vom Chiaroscuro geprägten Stil und den Einsatz einer Farbskala, die von der anfänglichen Leuchtkraft bis zu den tiefen Tönen der späten Werke reicht, werden die Worte und Taten Jesu zur Stimme der ganzen Menschheit. Dies ist der besondere Christozentrismus Caravaggios, eine neue Art, die Texte des Evangeliums zu lesen und visuell zu interpretieren. Man könnte in der Tat sagen: Für den Katholiken Caravaggio ist Christus gerade deshalb Gott, weil er vollkommen Mensch ist.

1. Verkündigung

Öl auf Leinwand, 285 x 205 cm. Nancy, Musée des Beaux-Arts

Das große Gemälde entstand (vielleicht in Malta) um 1609 im Auftrag von Enrico II. di Lorena (Heinrich II. von Lothringen). Der rasche Pinselstrich, die verkürzte Farbenpalette und die menschliche wie geistige Tiefe offenbaren den späten Stil des Meisters. Caravaggio übernimmt zwar das traditionelle Thema, allerdings mit der Neuerung, dass Raum, Ort und Handlung zu einer Einheit zusammengefasst werden.

Maria, im Profil dargestellt, ist ins Gebet versunken. Dieselbe Frau, wie schon für die Salome in der *Enthauptung Johannes des Täufers* in Malta, saß für sie Modell. Kniend hört die Madonna die Botschaft eines jungenhaften Engels. In einer forcierten Pose von eindeutig manieristischem Geschmack beugt er sich aus einer Wolke herab. Die eine Hand ist segnend ausgestreckt, mit der anderen hält er eine Lilie, das Symbol der Makellosigkeit.

Zwischen den beiden Person liegt ein leerer, breiter, dunkler Raum; damit will der Maler möglicherweise den „Schatten" andeuten, mit dem der Geist die Jungfrau überkommen wird, wie uns das Lukasevangelium sagt. Der Wohnraum, in dem sich die Szene abspielt, ist mit wenigen Pinselstrichen angedeutet. Wir sehen den üblichen Vorhang, ein ungemachtes Bett, einen mit Flechtwerk bespannten Stuhl. Die dürftige Ausstattung und die verhaltenen Farben verbinden dieses Werk mit anderen aus der sizilianischen Periode, die alle von einem stark meditativen Ansatz und von einer „franziskanischen" Armut geprägt sind. Caravaggio fühlte sich zeit seines Lebens von der Gestalt des Heiligen aus Assisi angezogen, stellte ihn sogar in drei seiner Gemälde dar und machte die Ökonomie der malerischen Mittel in dieser Lebensphase zu einer Kunstsprache von höchster Spiritualität.

Das Azurblau von Marias Mantel, die für Verkündigungsszenen übliche Farbe, ist sehr zurückhaltend, der auf den Boden gestellte Korb mit dem Tuch darüber setzt sich nur wenig von dem neutralen Schatten des undeutlichen Fußbodens ab. Der Engel ist merkwürdigerweise in Rückenansicht anstatt im Profil oder frontal dargestellt, und auch er erscheint eher als flüchtige Präsenz. Caravaggio beschreibt den Augenblick des Geschehens – das für die Auffassung der damaligen Zeit typische „Hier und Jetzt" – mit dem Fokus auf die entscheidenden Bewegungen: die Dynamik des Boten (sie erinnert an die *Verkündigung* von Lorenzo Lotto in Recanati), sanftmütige Akzeptanz seitens der Jungfrau mit den Händen vor der Brust, schemenhafte Präsenz weniger Dinge, die wie erdfarbene Phantome in dem einzigen Zimmer auftreten. Man könnte sagen, der Maler erfasse Marias Überraschung, aber auch ihre sofortige Antwort und füge die unterschiedlichen Momente (Verkündigung, Furcht, Antwort) in wenigen, aufs Wesentliche beschränkten Gesten zusammen. Die des Engels sind entschlossen, die der Madonna sind gefasst.

Es ist wieder das Thema der Berufung, das der Maler in erhabener Schönheit und Tiefe schon in der *Bekehrung des Saulus* und in der *Berufung des hl. Matthäus* behandelt hatte. Hier befasst er sich ein letztes Mal damit, durch das „Ja" Mariens, quasi als wolle er einen thematischen Zyklus vollenden.

Wir bemerken Merisis außerordentliche Fähigkeit, die Seele Marias ähnlich den neapolitanischen oder sizilianischen Madonnenbildern zu beschreiben. Jedes Mal, wenn er sie als Hauptdarstellerin wählt, lässt er eine empfindsame Sanftheit und sanftmütige Zärtlichkeit zum Vorschein kommen – so auch hier in der verschwimmenden Atmosphäre, in der Maria mit Herzklopfen ihr Jawort zur göttlichen Aufforderung sagt.

Das Bild wird zum gemalten, verhaltenen und andächtigen Gebet, wie alle anderen, in denen Caravaggio von Maria spricht. Im Vergleich dazu erscheinen die Werke großer Zeitgenossen wie Annibale Carracci oder Federigo Barocci zwar attraktiv und von einer eingängigen Frömmigkeit, jedoch ohne die seelische Finesse, mit der Caravaggio in das Ereignis eindringt, es fassbar macht und uns nahebringt.

2. Geburt Christi

Öl auf Leinwand, 268 x 197 cm. Ehemals Palermo, Oratorio di San Lorenzo

Das Gemälde wurde 1969 gestohlen und bisher nicht wiedergefunden. Caravaggio malte es zwischen August und Oktober 1609; es war seine letzte sizilianische Arbeit. Der Auftrag dazu kam von der Compagnia di San Francesco in Palermo, wobei nicht klar ist, ob der Maler dorthin zog oder es dem Auftraggeber von Messina aus schickte, und fordert eine recht komplexe Deutung. Die hll. Franziskus und Laurentius sind an den Bildrändern in kontemplativer Haltung zu sehen, während der hl. Josef mit Hut wie ein alter Bauer aussieht und ein Hirte von hinten abgebildet ist und auf die Szene weist.

Der vorherrschende Eindruck ist der einer familiären, ruhigen „sacra conversazione", man könnte sagen nach lombardischem Geschmack, eine jener überraschenden Pausen des Malers im Laufe seines unruhigen Lebens. Die Muttergottes sitzt auf dem Boden, wie in den byzantinischen Weihnachtsdarstellungen, und betrachtet das Kind zu ihren Füßen. Sie ist ganz in sich gekehrt und äußert ein tief innerliches Staunen, das an die berühmte *Verkündigung* von Correggio (Florenz, Uffizien) erinnert.

Das Thema der Armut und Demut, das ja für die Geisteshaltung der auftraggebenden Kapuziner typisch ist und von Caravaggio mehrfach ins Bild gesetzt wurde, wird hier zum Protagonisten. Die Farben jedoch sind üppig, der Pinsel betont das Gold an der Dalmatika des hl. Laurentius, der sich auf den Rost, sein Attribut als Märtyrer, stützt, die rote Korsage der Mutter und das Gelb des Strohs, auf dem das vollständig nackte Kind (als Vorwegnahme der Passion) liegt. Der Stall ist, der traditionellen Ikonografie entsprechend, in ein warmes Licht getaucht. Da sind der Ochse und der Hirte in Rückansicht mit vom Licht wunderbar umspielten grauen Haaren; er unterhält sich mit Josef, der die gütigen Züge der Bauersleute trägt. Die zwei Heiligen sind unterschiedlich gestaltet: Franziskus steht eher abseits im dunkleren Abschnitt mit gefalteten Händen und seinem braunen Ordenshabit; Laurentius, das Porträt eines Zeitgenossen des Künstlers, betrachtet das Kind tief in Gedanken versunken.

Das Licht fällt von oben herab, überbracht von einem Engel, der ein Schriftband mit den Worten „Gloria in Eccelsis Deo" hält. Es fließt auf Antlitz und Brust der Mutter, strahlt auf den Hirten und Teile des hl. Laurentius aus, um sich im Gesichtchen des Kindes zu verdichten. Es besteht eine Bahn zwischen Himmel und Erde, deren Brücke die mittig angeordnete Maria wird: Sie ist die Verbindung zwischen den beiden Dimensionen und deshalb wird ihre Funktion als Mittlerin für Christus, dem Gott-Menschen, hervorgehoben.

Das Gemälde ist als geordnete, friedliche szenische Gruppierung konstruiert und besitzt seinen Angelpunkt in der

Jungfrau Maria und ihrem alltäglichen Gesicht als Frau des Volkes. Ihre Hände sind verschieden angeordnet: Die rechte liegt auf ihrem Schoß, der gerade geboren hat, die andere zeigt den Heiligen mit demütiger Geste „die Frucht ihres Leibes" (Lukasevangelium), also das Kind. Das Werk verbreitet ein Gefühl der Ruhe und der Freude in der Anbetung, die sich in den warmen Farbtönen wiederfindet. Im selben Jahr malte Caravaggio *Die Anbetung der Hirten* (Öl auf Leinwand, 314 x 211 cm. Messina, Museo Regionale) für den Hauptaltar der Kapuzinerkirche Santa Maria della Consolazione in Messina. Auch in diesem Fall ist es das Lukasevangelium, das durch die schnörkellose, schattenreiche Malerei des Künstlers kommentiert wird. Bühnenbild ist der übliche Stall mit den Tieren und Hirten, die zwischen Überraschung und Anbetung schwanken. Der sitzende Josef, alt und runzlig, betrachtet seine junge Frau. Caravaggio malte sie hingestreckt wie die „Madonnen der Demut" byzantinischer Tradition und in einer Situation größter Innigkeit mit ihrem Kind.

Diese Personengruppe gilt als einer der poetischsten Momente in Caravaggios Kunst, der vom Geheimnis der Liebe zwischen Mutter und Sohn ergriffen ist. Die beiden eng aneinander geschmiegten Gesichter sind in einem vibrierenden Chiaroscuro gemalt, der auch im schattigen Ambiente leuchtet, und die „Armut" der Farben (Weiß, Rot und Gelb) wird von ihrer Klarheit noch verstärkt. Die Stallwand im Hintergrund ist hoch; man „riecht" förmlich das Holz und das Stroh, das Halm für Halm gemalt ist, um eine Atmosphäre schlichter Sammlung zu schaffen, in der diese einfachen Leute vom Künstler liebevoll porträtiert werden. Es ist eine volksnahe Geburtsszene, denn das Volk sollte sofort in der Lage sein, die Botschaft des Evangeliums zu erkennen, die ihm in einer einfachen, wahrhaften Sprache dargeboten wurde. Es fehlt auch nicht an einer melancholischen Note, die sich im gedämpften Licht äußert, so als denke der Künstler bekümmert an die Freuden einer Familie, die ihm in diesem schwierigen Lebensabschnitt versagt sind.

3. Ruhe auf der Flucht nach Ägypten

Öl auf Leinwand, 133,5 x 166,5 cm. Rom, Galleria Doria Pamphilj

Das Sujet basiert auf der Geschichte der Flucht der Heiligen Familie nach Ägypten, wie im Matthäusevangelium beschrieben. Es gab vielen Künstlern Anlass, ländlich-beschauliche Familienszenen zu komponieren, wie z.B. die beschwingte von Federigo Barocci in der Vatikanischen Pinakothek.

In diesem Jugendwerk (1595–1596), von der Aldobrandini-Familie in Auftrag gegeben, nimmt Caravaggio die Motive seiner profanen Abbildungen junger Obstverkäufer oder Stillleben wieder auf und setzt sie in ein rustikales Ambiente, um mit unzähligen Details eine Ruhepause bei der Flucht der Heiligen Familie zu beschreiben.

Das ganze Bild strömt Frieden aus, es ist offen und voller Licht. Die Mutter ist vor Müdigkeit mit dem Kind auf dem Arm eingeschlafen, der hl. Josef sitzt auf seinem Reisesack und hält dem Geige spielenden Engel die Partitur vor, während ein Esel mit wachem Auge die Szene verfolgt.

Der Vegetation nach zu urteilen ist es Herbst. Die Landschaft zieht sich bis zum Horizont und das verschleierte Morgenlicht erinnert an den Himmel der Lombardei. Blätter, Blumen und Steine am Boden sind mit großem Feingefühl und Liebe zum Detail gemalt.

Das ganze Gemälde strahlt eine einfache und bewegende Naturpoesie aus. Dabei scheint Caravaggio vor allem Lorenzo Lotto im Sinn gehabt zu haben. An ihn erinnern der knabenhafte Engel mit seinem geschmeidigen Körper und seinen weichen Flügel mit Schwalbenschwanzenden, der elegante Faltenwurf, bewegt vom Wind, der das Weiß noch stärker zum Leuchten bringt, während das Profil an die jungen Modelle Caravaggios aus anderen Gemälden verweist.

Auch die Madonna steht unter dem Einfluss bestimmter Vorbilder der venetisch-lombardischen Malerei; allerdings setzt der Maler hier einen einzigartigen Akzent durch die Darstellung des schlafenden Paares – Mutter und Sohn – mit einer Einfühlsamkeit und Zartheit, die man erst in der späten *Geburt Christi* von Messina wiedersieht. Es ist eine bescheidene Welt – Josef trägt die Züge eines von Arbeit ausgezehrten Handwerkers –, in der das Göttliche sich offenbart und zum Alltag wird.

Alles ist real: die Partitur von Noel Bauldewijn, einem franko-flämischen Musiker, über einen Vers des biblischen Hohelieds „Quam pulchra es et quam decora" zu Ehren Marias, die Geige, die Spuren der Wagenräder (wir befinden uns auf dem Weg nach Ägypten, vielleicht an einer Oase) und die Pflanzen, wie die Königskerze zu Füßen der Muttergottes, die wir oft in den christologischen Gemälden Caravaggios antreffen und die in der mittelalterlichen Symbolsprache Unvergänglichkeit bedeutet.

Dennoch ist die Beschreibung des Milieus, in dem sich die Szene abspielt, nicht Selbstzweck. Caravaggio äußert hierdurch die tief innerliche Wirklichkeit des Menschen, im vorliegenden Fall auch ein „soziales" Motiv, gleichsam eine Ableitung des Magnifikats aus dem Lukasevangelium, in dem Gott „die Niedrigen erhöht". Diese Einstellung war zur Zeit der katholischen Reform weit verbreitet, insbesondere in den Kreisen der Franziskaner und der Oratorianer des hl. Philipp Neri. Letztere gaben viele Theatervorführungen mit religiösem Sujet und unser Bild entspricht dieser Denkweise.

Gleichzeitig enthält das Werk ein mystisches Element, das durch die Engelsgestalt betont wird. Der Junge scheint aus einer anderen Welt zu stammen und spielt eine Weise hingebungsvoll-mystischer Liebe, wird sozusagen zum Verbindungsglied zwischen der Alltäglichkeit, die Mühe und Ruhebedürfnis kennt (wir befinden uns ja in einer Fluchtsituation), und der Realität einer göttlichen Präsenz (eben des Engels), die die Menschheit begleitet und ihr Erholung verschafft, indem sie durch Himmelsklänge getröstet wird. Die Schönheit dieser göttlichen Musik reflektiert sich im Licht, das mit großer Zärtlichkeit auf dem Gesicht des Kindes leuchtet und auf der Mutter, die ihren kleinen Sohn in einer schützenden Umarmung festhält. Vielleicht erfüllten solche Bilder den Maler mit Sehnsucht nach der Mutter, die er in jungen Jahren verloren hatte, weshalb er jedes Mal, wenn er sich mit Maria befasst, Nuancen einzigartiger Warmherzigkeit findet, so als sei diese Gestalt für ihn der Inbegriff von Frieden und Sicherheit.

4. Johannes der Täufer

Öl auf Leinwand, 94 x 131 cm. Rom, Galleria Nazionale d'Arte Antica, Palazzo Corsini

Die Gestalt des Täufers kommt in allen vier Evangelien vor und war in der Kunst stets ein beliebtes Motiv. Hier sehen wir eine Version aus dem Jahr 1605, die der typischen Ikonografie jener Zeit folgt und den Heiligen in der Wüste darstellt.

Als Modell verwendet der Maler einen Jüngling, wie es auch viele andere, darunter Andrea del Sarto (Florenz, Palazzo Pitti) taten, um eine möglichst naturnahe Abbildung eines jungen Mannes zu schaffen. Auf der querformatigen Leinwand sehen wir den schräg sitzenden Johannes mit Essnapf und Stab als Symbolen seiner asketischen Lebensweise. Sein Gesicht liegt im Schatten, er schaut ernst. Caravaggio malt ihn mit entschlossenen Pinselstrichen voller Licht, die Velazquez vorwegnehmen. Der Schatten, von dem der Täufer umgeben ist, lässt den in Licht getauchten, unbehaarten Oberkörper, den weißen Lendenschurz und den roten Mantel noch stärker hervortreten. Wie in anderen Jugenddarstellungen besitzt Johannes die Faszination einer unaufdringlichen, einsamen, fast unnahbaren Adoleszenz, als störe ihn der Scheinwerfer, der seinen Körper, insbesondere die Schulter, bloßstellt. Dieser Johannes flieht die Gesellschaft, ist keine Freundschaft gewöhnt.

Caravaggio hält auf dem graziösen Antlitz mit dem dichten Haarschopf inne; er liest die Gedanken des jungen Propheten, dessen makelloser Körper noch keine Anzeichen der künftigen Bußübungen zeigt. Er mag während einer Ruhepause auf dem Weg in die Wüste dargestellt sein, nachdenklich und umgeben von Dingen, die sich in der Dunkelheit verlieren. Seine Entscheidung ist jedoch schon getroffen, mit der Entschlossenheit der jungen Helden, die sich vor der Verwirklichung ihres Vorhabens nur kurz erholen.

In einer Fassung von ca. 1597, die Caravaggio zugeschrieben wird (Öl auf Leinwand, 169 x 112 cm. Toledo, Museo Tesoro Catedralicio), ist ein Junge mit ephebischen Zügen zu sehen: In manchen Bibelübersetzungen steht, dass Johannes „in jungen Jahren in der Wüste lebte". Sein Gesicht liegt im Schatten, er ist mit den üblichen Attributen (Fell und roter Mantel) bekleidet, hat neben sich ein Lamm, während im Hintergrund Weinreben (das Blut Christi) und der Zweig eines Brombeerstrauchs (die Dornenkrone) zu erkennen sind. Auch hier konfrontiert uns der Maler mit einer ungewöhnlichen Atmosphäre der Sanftmut und kindlichen Ruhe; dazu trägt auch das Lamm als Symbol der Nachgiebigkeit bei.

Um 1604 entsteht der *Täufer* (Öl auf Leinwand, 173 x 133 cm. Kansas City, Nelson-Atkins Museum of Art). Die Ganzkörperfigur des jungen Heiligen hebt sich unter einem kalten Licht deutlich vom Hintergrund ab. Die

Umgebung bildet ein großer Baum mit viel trockenem Laub. Johannes schaut grollend; der Blick eines jungen Mannes, der schon viel erlebt zu haben scheint, läuft im Schatten aus. Seine Haltung mit gespreizten Beinen lässt vermuten, dass er sich gleich erheben wird oder dass er sich nur für einen Augenblick hingesetzt hat.

Die Theatralik der Szene wird erhöht durch den weit aufgeschlagenen Mantel, der die Leinwand entzwei teilt. Seine leuchtende Farbe macht die Atmosphäre spannungsgeladen.

Der *Junge mit Widder* in den Kapitolinischen Museen in Rom (1602, Öl auf Leinwand, 131 x 98,6 cm) ist vielleicht gar nicht Johannes der Täufer, sondern ein „geretteter Isaak". Die Pose ist die eines michelangiolesken *Ignudo* aus der Sixtinischen Kapelle, und er äußert eine höchst irdische Lebenskraft, hat sich sogar seiner weißen und roten Kleidung entledigt, um den Widder zu umarmen. Caravaggio betont die vom Helldunkel geschaffene Sinnlichkeit des Jungenkörpers und zaubert auf das nicht schöne, aber ausdrucksstarke Gesicht ein selbstgefälliges Lächeln. Der (vermeintliche) Täufer wird zum Symbol jugendlicher Vitalität mit einer ähnlichen Hingabe wie die der Helden, von den Carraccis in der römischen Galleria Farnese gemalt.

Aus den Jahren 1609–1610 stammt das Bild, das heute in der Galleria Borghese in Rom hängt (Öl auf Leinwand, 159 x 124 cm). Caravaggio wählt einen Jungen mit kindlichem Aussehen; sein Körper ist schlaff hindrapiert, den roten Mantel neben sich, vor einem Hintergrund aus Weinblättern als Anspielung auf das Opfer Christi. Anstelle des Lamms ist ein Widder auf dem Bild, vermutlich ein Verweis auf die Opferung Isaaks, da Johannes ja als letzter Prophet des Alten Testaments gilt. Der Gesamteindruck des Gemäldes ist melancholisch, was durch die Farbe, trotz der Chiaroscuro-Akzente, die in den Körperfalten gar virtuos erscheinen, noch betont wird. Das Gesicht des Jungen mit seinen schwarz leuchtenden Augen prophezeit Traurigkeit („Er muss wachsen, ich aber muss abnehmen", sagt Johannes in Bezug auf Jesus). Diese Schwermut ist erklärbar, befindet sich der Maler doch in nervöser Erwartung einer päpstlichen Begnadigung. Das Bild, eines der letzten, scheint ein geistiges Testament des Meisters zu sein, ein Liebesakt gegenüber dem Leben, dessen Entschwinden er befürchtet.

5. Die Enthauptung Johannes' des Täufers

Öl auf Leinwand, 361 x 520 cm. Malta, La Valletta, Ko-Kathedrale St. Johannes, Oratorium

Das größte Gemälde Caravaggios entstand 1608 auf Malta und ist eine der höchsten Äußerungen nicht nur seiner Kunst, sondern der europäischen Kunstgeschichte überhaupt. Die allseits bekannte Geschichte aus dem Evangelium wird von dem Künstler aus einem völlig neuen Blickwinkel wiedergegeben. Immer wichtiger wird ihm und seinen Bildern das Thema „Verlassenheit", quasi als Widerhall des Aufschreis Jesu am Kreuz, der spürt, dass Gott ihm fern ist. In diesem Fall ist es der Prophet (die Menschheit), der einem unbarmherzigen Tod anheimgegeben scheint: Nach der Enthauptung setzt der Henker mit dem Messer zum Gnadenstoß an. Der Maler war ja damals auf der Flucht und spürte dieses Damoklesschwert über sich schweben.

Die Szene ist auf der Leinwand nach links versetzt, so dass rechts ein großer leerer Raum entsteht. Dies wird für die sizilianischen Bilder üblich sein. Der Gruppe von Menschen, die das tragische Ereignis auf unterschiedliche Weise miterleben, steht der desolate Raum dieser Leere gegenüber, fast als Todesschrei, der sich ins Unendliche ausweitet: die Leere der Todeseinsamkeit jedes Menschen und der scheinbar ausbleibenden Antwort.

Die Farbe verdichtet sich zu leuchtend roten, weißen und grünen Nuancen. Die vier Personen sind auch hier erstarrt in Fotogrammen der Grausamkeit, niedergedrückt von der Wirklichkeit des Todes: der Kerkermeister, der den Befehl erteilt, der unendlich traurige Henker, der das Messer aus der Scheide zieht, um Johannes den Gnadenstoß zu geben, und dessen Züge als Variation der Selbstporträts des Künstlers erscheinen, die eilig mit der Schale für den abgetrennten Kopf hinzutretende Salome und die Alte, die sich vor Entsetzen und Mitleid an den Kopf greift. Zwei Gefangene betrachten aus der Entfernung hinter Gittern das ihnen bevorstehende Schicksal.

Das Licht, das aus unterschiedlichen Quellen kommt, hat Mühe, sich seinen Weg zu bahnen zwischen den Schatten an den hohen Gefängnismauern, um letztendlich im Vordergrund auf Johannes in einem blutroten Umhang zu treffen. Erneut tritt das Thema des Blutes auf, und es ist schon bemerkenswert, dass Caravaggio seine einzige Signatur in die Blutspur unter dem Märtyrerkopf setzt: Befürchtung, Vorahnung, Bewusstsein um das Drama seines Lebens?

Heilige, persönliche und menschliche Geschichte sind völlig deckungsgleich. Das Bild präsentiert eine tragische Lebensanschauung, die weder Künstler noch Heilige ausspart und mit äußerst gekonnter Ausdruckskraft auf die Leinwand kommt. Diese Kraft erinnert an die großen griechischen Tragödienschreiber und wir finden sie auch bei Rembrandt und Goya wieder. Hier ist es die poetische

Eingebung Caravaggios, die dem unschuldigen Schmerz und dem durch menschliche Ungerechtigkeit erlittenen Martyrium der Gerechten aller Zeiten eine Stimme verleiht. So wird Johannes' Tod zum Tod jedes Menschen, der für Freiheit und Lauterkeit des Geistes kämpft. Er wird zum Sprachrohr jenes Teils der Menschheit, der über der Gefühlskälte des Wächters und Salomes Rache steht und weiterhin an eine Gerechtigkeit glaubt, für die der Täufer sein Leben hingegeben hat. Dieser Glaubensschimmer gibt der Geste der alten Frau und ihrem Mitgefühl einen Sinn, denn Caravaggio schaut mit derselben Einstellung auf die Geschichte der Menschen und auf das Böse, das Verfolger wie Opfer bedeckt, aber dennoch nicht das letzte Wort ist, wie wir aus den ergebenen Zügen des sterbenden Johannes ablesen können.

Vertieft wird dieses Thema im Bild *Salome mit dem Haupt Johannes' des Täufers* (116 x 140 cm. Madrid, Königspalast), einem der letzten Werke des Malers (um 1609). Eine traurige Meditation über den Tod konzentriert sich auf die gespannt aussehende Salome im Vordergrund. Sie trägt den roten Mantel des Täufers, dessen Kopf in ihrer Schale liegt. Eine alte Dienerin ist dunkel aufs Dunkel gemalt: Die Ungerechtigkeit wird zur Seelenfinsternis. Der Henker in Rückansicht sieht abgestumpft oder aber traurig aus. Die Gestalten, die aus dem dunklen Hintergrund hervortreten, verströmen eine monumentale Ruhe; sie sind tragische Abbilder des vom Tod jäh unterbrochenen Lebens. Keine Freude ist in Salome, die ihre Rache keineswegs genießt, sondern im Gegenteil die düstere Traurigkeit des Bösen zur Schau trägt.

Caravaggio hatte 1607 ein Bild mit demselben Sujet gemalt (Öl auf Leinwand, 91,5 x 106,7 cm. London, National Gallery). Salome blickt zur Seite, der Henker legt den Kopf auf ein Tablett, eine Alte schaut zu. Alle Personen zeigen eine große reelle und geistige Distanz vom Geschehen, so als gehorchten sie einem unausweichlichen Schicksal. Daher auch das Gefühl der Fatalität, das den Betrachter beschleicht. Der Henker ähnelt dem Maler und wird beleuchtet vom entschiedenen Helldunkel, das die Personen wie unwirkliche Schemen herausmeißelt. Der Tod ist hier gegenwärtig und die Menschen werden zu ihm geführt von einer Gewalt, die das Licht verschlingt. Das einzige unverkrampfte Gesicht ist das des Täufers, dessen offener Mund gerade sein Leben ausgehaucht hat.

6. Maria Magdalena

Öl auf Leinwand, 122,5 x 98,5 cm. Rom, Galleria Doria Pamphilj

Das Jugendwerk aus den Jahren 1594–1595 für die Aldobrandini-Familie war vielleicht ursprünglich als Porträt eines Mädchens beim Haaretrocknen gedacht. Später änderte der Künstler das Thema und nannte es „Berufung" oder „Aufruf", ein Sujet, das in den Werken Caravaggios öfter auftritt, und hier haben wir ein erstes Beispiel dafür.

Maria Magdalena ist eine in der Kunst populäre Gestalt. Es handelt sich um die Sünderin (oder auch um Maria, Lazarus' Schwester), die mit ihren Haaren die Füße Jesu trocknet, wie uns die kanonischen und apokryphen Evangelien berichten.

Dieses Bild zeigt sie bei ihrer „Bekehrung" oder „Berufung", wobei der zweite Begriff passender scheint, weil es dem Maler in der Tat gelingt, die intimen, äußerst persönlichen Umstände und Gefühle dieser Lebensstunde einzufangen und auszudrücken.

Die Heilige sitzt allein in einem Raum, diagonal erhellt vom Licht, das auf einem Teil des weichen Gesichts, auf der Brust und auf dem reichen Damaststoff leuchtet. Sie ist wie eine reiche Kurtisane gekleidet, die Farben sind warm und fangen viel Licht ein, das lange rote Haar fällt lose über die Schultern. Die Frau denkt über ihr Leben nach oder besser: Sie hört auf eine innere Stimme. Caravaggio beschreibt die Atmosphäre der Sammlung, das innerliche Gespräch der Frau, so dass wir fast ihre Gedanken lesen können. Am Boden liegen Requisiten aus ihrem bisherigen Leben verstreut: Perlen, Schmuck, das Gefäß mit Öl, das ihr zur Salbung der Füße Jesu dienen wird. Der einfallende Lichtstrahl bringt das Glas zum Glänzen. Einer Deutung des Hohenlieds aus der Bibel entsprechend, könnte das Ölgefäß auch eine Anspielung auf ihre Liebe zu Christus sein.

Mit wenigen einfachen Elementen skizziert der Maler diesen Augenblick im Leben von Maria Magdalena. Sie ist wie eingeschlossen in diesen Raum, in dem das Licht sogar dem Verlauf der Bodenfliesen folgt, um eine gewisse Raumtiefe anzudeuten.

Maria Magdalena hat den Blick in nachdenklicher Haltung gesenkt; das Licht hingegen nimmt die symbolische Bedeutung der Gnade an, die der Finsternis der Sünde entgegensteht, wie der hl. Augustinus dargelegt hatte. Mit äußerst sparsamen Mitteln und natürlicher Einfachheit verbindet Caravaggio materielle mit moralischer Wirklichkeit.

Es existiert eine weitere Version dieses Motivs: *Die Bekehrung Maria Magdalenas* (Öl auf Leinwand, 100 x 134,5 cm. Detroit, Institute of Arts), gemalt um 1598. Die Szene zeigt Maria Magdalena (die mit der Sünderin einer anderen Episode aus dem Evangelium verwechselt wird) im Ge-

spräch mit ihrer Schwester Martha. Maria – es handelt sich um das Modell Fillide Melandroni, eine Freundin des Künstlers – trägt venezianische Kleidung und hält eine kleine Orangenblüte (Symbol der Hochzeit mit Christus) vor ihrer Brust. Mit der anderen Hand weist sie auf den Spiegel, der einen starken Lichtstrahl (die Gnade) einfängt. Der Hintergrund ist neutral gehalten und ohne Vorzeichnung mit breiten Strichen gemalt, wie es für Caravaggio typisch ist. Die Farben sind üppig, geradezu luxuriös.

Im Raum liegt noch eine gewisse Atmosphäre der Mondanität: Sie äußert sich in den Gegenständen auf dem sonst leeren Tisch, wie dem Elfenbeinkamm oder der Schale mit Schwamm. Das angeregte Gespräch zwischen den Schwestern legt jedoch nahe, dass es sich um den Moment handelt, in dem die Bekehrung zu einem neuen Leben entschieden wird.

Auf diesem Bild kündigt sich die künftige Dominanz des Hell-Dunkel-Verhältnisses an, das bald höchst dramatische Äußerungen finden wird; hier jedoch ist es noch gemäßigt durch eine Farbenpracht, die sowohl an die venezianische Kunst als auch an die Werke von Dosso Dossi denken lässt.

7. Berufung des hl. Matthäus

Öl auf Leinwand, 322 x 340 cm. Rom, San Luigi dei Francesi

Das großformatige Bild entstand zwischen 1599 und 1600 für die Contarelli-Kapelle. Es ist das erste öffentliche Werk Caravaggios dieser Art, zu dem ihm Kardinal del Monte verholfen hatte. Das Gemälde rief Bewunderung und Kontroversen hervor.

Die Geschichte, die in den synoptischen Evangelien nur kurz angeschnitten, von den Künstlern jedoch gern verwendet wird, nimmt durch Caravaggio eine einzigartig schöne, spektakuläre und spirituelle Bedeutung an. In die Taverne, wo die Männer Würfel spielen, tritt plötzlich Christus ein und mit ihm ein Lichtkegel (die Gnade) aus einem nicht sichtbaren Fenster, der bei Matthäus haltmacht, während verschiedene Lichtfragmente die anderen Personen aus dem Schatten holen. Mit psychologischer Durchdringung und in reicher venetischer Farbe beschreibt Caravaggio die Welt derer, die entweder nicht berufen sind oder der Gnade gegenüber gleichgültig bleiben. Es entwickelt sich eine erstaunlich vielschichtige menschliche Komödie: unvergessliche Gestalten wie der bebrillte Alte, der das Spielergebnis betrachtet, der zersauste jüngere Mann, der gierig das Geld zählt, der Edelmann, der sich beim Eintreten Jesu eilig erhebt, der Junge mit Federhut und ruhigem Gesicht, der sich locker an den Älteren lehnt und ebenfalls vom Licht Gottes erfasst wird (handelt es sich vielleicht um den „jungen reichen Mann" aus dem Evangelium?).

Alles geschieht an einem großen, abgedunkelten Ort mit geschlossenen Fenstern, hohen Wänden und einem leeren, vermutlich verrauchten Raum. Der Maler will damit sagen, dass sich eine Berufung überall ereignen kann, sogar in einer Taverne. Das Dunkel versinnbildlicht die (auch innerliche) Abgründigkeit der Personen, die mit einem starken Sinn für Theatralik in ihrer jeweiligen Tätigkeit festgehalten werden.

Das dramatische Geschehen der unerwarteten Berufung – mit dem sich der Künstler schon bei *Maria Magdalena* befasst hat – wird in neuer Richtung erforscht. Der große, schlanke Christus deutet auf Matthäus mit einer Handbewegung, die an die *Erschaffung Adams* von Michelangelo in der Sixtinischen Kapelle erinnert. Der Deutungsschlüssel ist subtil: Dort ging es um die Berufung des Menschen zum (Da)Sein, hier um die Berufung durch den menschgewordenen Gott, Christus, zu einem neuen Leben. Wenn der Mensch auf die Gnade reagiert, macht die „Neuerschaffung" durch die Berufung diesen Menschen in der Tat zu einer anderen Person. Matthäus zeigt mit fragendem Blick auf sich selbst: Die Berufung ist eine Antwort auf eine Einladung, die von außen kommt, in diesem Fall von Christus, der vom alten Petrus begleitet wird. Er wurde erst später hinzugefügt; mit seinem Stab symbolisiert er die pilgernde Kirche in der Geschichte, denn in ihr verläuft das neue Leben des Berufenen. Das Licht ist nicht mehr diffus, sondern zielgerichtet, verleiht dem Gemälde eine ergreifende Qualität und jedem Detail seinen besonderen Wert: vom Spieltisch mit den Münzen über die Kleidungsstücke zu den psychologischen und dynamischen Kontrasten, die mit starker moralischer Spannung geladen sind. Das Werk wurde jahrzehntelang immer wieder als Vorlage benützt und nähert sich in seiner Dichtheit und poetischen Überhöhung den großen Dramen Shakespeares, wobei es dem Betrachter zugleich eine neue, tiefere Interpretation des Bibeltextes bietet.

In den anderen Bildern für die Contarini-Kapelle erreicht Caravaggio nicht diese Komprimierungskraft. Im *Martyrium des hl. Matthäus*, das zuerst entstand, inszeniert er eine gewaltsame, fast allzu dynamische Tötung. Das Bild ist beherrscht vom großen, halbnackten Henker, der gerade den Heiligen ums Leben bringt, und einem laut schreienden Messdiener, der als Abbild des Schreckens berühmt geworden ist. Sie sind zwei Gesichter einer Tragödie, der weitere Personen verwirrt und bestürzt beiwohnen: von den in manieristischen Kontorsionen dargestellten leicht bekleideten jungen Männern am Taufstein, zu Caravaggios Zeitgenossen, unter denen er sich selbst porträtiert in dem Mann, der zwischen den Säulen stehend die Szene nachdenklich betrachtet. Das Gedränge und der dynamische Kontrast, die an Bilder Tintorettos in der Scuola Grande di San Rocco (Venedig) erinnern, nehmen die Bedeutung eines rhetorisch überzeugenden religiösen Theaters an. Der Gläubige soll in aller Deutlichkeit sehen, dass am Ende seines Lebens der Märtyrertod stehen kann.

Für das Feld über dem Altar der Kapelle malte der Künstler *Der hl. Matthäus und der Engel* (S. 14), und zwar in zwei unterschiedlichen Fassungen. Die erste, die 1945 in Berlin einem Brand zum Opfer fiel, missfiel dem Auftraggeber wegen der Grobheit von Matthäus' Aussehen mit schmutzigen Füßen und einem Sokrates-Gesicht, und er lehnte es ab. Die erhaltene Fassung aus dem Jahr 1602 ruft das namensgleiche Werk Romaninos für die Kirche S. Giovanni Evangelista in Brescia ins Gedächtnis: Wir sehen den Heiligen in antiken Gewändern auf einem kippeligen Knieschemel und einen knabenhaften Engel in schneeweißem, vom Wind bewegtem Tuch, der ihm die ersten Sätze seines Evangeliums, nämlich die Ahnenreihe Jesu, aufsagt. Wie auf den anderen Bildern der Kapelle arbeitet Caravaggio auch hier die Personen solcherart heraus, dass sie den Betrachter gleichsam angreifen, auf ihn fallen – etwas Unerhörtes für seine Zeit.

8. Auferweckung des Lazarus

Öl auf Leinwand, 380 x 275 cm. Messina, Museo Regionale

Dieses Gemälde wurde am 10. Juni 1609 dem Genueser Kaufmann Giovan Battista de' Lazzeri für die Chiesa dei Crociferi in Messina übergeben. Dargestellt ist die Geschichte aus dem 11. Kapitel des Johannesevangeliums. Im Vergleich zu früheren Gestaltungen des Themas (nehmen wir beispielsweise die monumentale, dicht bevölkerte Szene von Sebastiano dal Piombo in der Londoner National Gallery) schlägt Caravaggio eine völlig neue Richtung ein, denn das Bild, das ja eigentlich große Freude äußern sollte, ist von einer ausgeprägt dramatischen Stimmung durchzogen, wie wir es in den späten Werken des Künstlers oft feststellen.

Wiederum befasst sich der Maler mit der Thematik des Todes und seinem Gegensatz zum Leben, mit dem Schrecken und der Hoffnung, die er in jedem Menschen weckt, und er verdichtet seine Erforschung in der Gestalt des Lazarus.

Als Modell für den Toten diente ihm ein echter Leichnam, was freilich zu Kontroversen führte. Lazarus befindet sich noch in der Schwebe zwischen Todesschlaf und Erwachen. Seine ausgestreckten Arme sind die eines Gekreuzigten und verweisen auf Jesus, der bald selbst gekreuzigt werden sollte. Sie nehmen noch nicht viel von dem Licht auf, das von links einfällt und die fast nachtschwarze Finsternis der Grabstätte durchbricht. Über der Gruppe eine gähnende Leere als Symbol des Todes. Das Licht erhellt Lazarus' Leichentuch, sein Gesicht und das seiner Schwester Maria unmittelbar über dem seinen. Es ist ein bewegender Augenblick, in dem der Maler die schmerzvolle Zuneigung der Schwester mit einer noch nie zuvor gesehenen Intensität einfängt.

Die Personengruppe um den Toten, der für seine Rückkehr ins Leben kämpft, ist eifrig bemüht, den Anordnungen des stattlichen Christus im Halbdunkel Folge zu leisten. Seine Geste erinnert an die in der *Berufung des hl. Matthäus*, um darzutun, dass es sich auch bei Lazarus um eine Berufung zu neuem Leben handelt. Christus mutet an wie ein plötzlich erschienenes Phantom, und die Blicke mehrerer Personen sind auf die Türöffnung gerichtet, durch die das Licht quasi hineinfließt.

Bewundernswert ist die Reihe der vom Schatten „enthaupteten" Köpfe über dem Arm des Messias. Sie sind Porträts der verschiedenen Reaktionen einer vor dem Wunder fassungslosen Menschheit. Unter ihnen, in Profilansicht, der Künstler selbst, der nach draußen blickt, und am Bildrand ein Mann, der vor Staunen aufschreit. Caravaggio malt sich jedoch auch im Mann neben dem Totengräber, der auf Christus schaut und teilweise von seinem Licht erfasst wird: ein beunruhigender psychologischer Aspekt für die mit Hoffnung gepaarte Bangigkeit.

Der Maler will sein persönliches dramatisches Schicksal nicht vertuschen. Lazarus ist auch er selbst; in jenen Tagen hängt sein Leben am seidenen Faden und sein Tod kann jeden Moment eintreten.

So fokussiert er sich auf das Dilemma Leben-Tod, ausgedrückt in den bräunlichen Nuancen der Farben, in den roten Farbfeldern, die an die Thematik des Blutvergießens erinnern, in den dunklen Bereichen, wo das Licht zwar mit Mühe, aber doch sicher eindringt.

Die Geste des Messias ist entschlossen. Das Leben kann über den Tod siegen. So ist es für Lazarus, so wird es auch für Christus sein. Mit einer nervösen Angst, von der das ganze Gemälde spricht, hofft der Maler dies auch für sich, also für jeden Menschen.

9. Gefangennahme Jesu

Öl auf Leinwand, 133,5 x 169,5 cm. Dublin, National Gallery of Ireland

Die Gefangennahme Jesu, die in allen vier Evangelien beschrieben ist, wird von Caravaggio im Jahr 1602 nach den Vorgaben von Gerolamo Mattei, dem Bruder des Auftraggebers und Protektors des Franziskanerordens Ciriaco, ins Bild gesetzt.

Die Spiritualität des Ordens legte einen besonderen Akzent auf die Tugenden *abnegatio* (Entsagung) und *oboedientia* (Gehorsam), wie sie in dem berühmten Text *De imitatione Christi* dargelegt sind. Wir erkennen sie hier in der Haltung Christi: Er ist in den roten Mantel wie in eine Nische gehüllt und erduldet den Judaskuss mit leidenden Gesichtszügen und verschränkten Fingern. Damit äußert er seine Annahme des göttlichen Willens ohne Wenn und Aber. Der feinfühlige Psychologe Caravaggio stellt jedoch auch die instinktive Ablehnung des Messias gegenüber der Umarmung durch den Verräter dar.

Einer traditionsreichen Ikonografie entsprechend, die einen Höhepunkt in Giottos Fresko für die Scrovegni-Kapelle in Padua fand, ist Judas das Abbild des Bösen. Seine heftige Umarmung wird durch den ockergelben Ärmel und das unschöne Gesicht hervorgehoben. Der wortlose Disput zwischen Christus und Judas wird zum Angelpunkt der Komposition aus Halbfiguren, von denen jede eine eigene Dynamik zeigt.

Vorne steht der Soldat, eingepackt in eine eiserne Rüstung, auf der Lichtreflexe spielen; er packt den Messias am Hals mit einer ausladenden Geste, die das Bild in zwei Abschnitte teilt. An seiner Seite sehen wir einen älteren Soldaten, der später sowohl für Matthäus als auch für Abraham als Vorlage dienen wird, sowie zwei weitere Personen an den Bildrändern. Der schreiende Jünger links im Bild ist nicht der Junge, von dem im Markusevangelium die Rede ist und der, von den Wächtern aufgescheucht, nackt flieht, sondern wahrscheinlich der Evangelist selbst. Auf diesem Bild ist er im Rot und Grün der vatikanischen *Grablegung* dargestellt, und zwar im Augenblick größten Entsetzens, das ihn zur Flucht in die physische und moralische Finsternis treibt.

Am anderen Bildrand versucht jemand (ein Priester?), sich mit seiner Lampe einen Weg durch den nächtlichen Tumult zu bahnen. Experten erkennen darin ein Selbstporträt des Künstlers im Alter von 31 Jahren. Dieser Priester-Caravaggio hat eigentlich nicht viel mit dem Geschehen zu tun und wurde offensichtlich seiner metaphorischen Bedeutung wegen eingefügt, nämlich wie ein neuer Diogenes, der mit seiner Laterne das Licht der Wahrheit sucht; in diesem Fall ist Christus nah und unerreichbar zugleich.

Zwischen diesen beiden Extremen, Entsetzen und Suche, vollzieht sich die nächtliche Tragödie. Die Nacht ist dunkel, das Licht grell; es bringt die Körper und besonders die Gesichter einander näher und bietet ein Crescendo der Gefühle und Emotionen von höchster Expressivität: von Johannes' Aufschrei zu Jesus' Ergebenheit, von Judas' Düsternis zum unsichtbaren Gesicht des Geharnischten, vom älteren Soldaten über den Maler mit Laterne bis zu einem letzten, unbestimmten Profil, das sich im Schatten verliert.

Caravaggio lässt die Figuren erstarren, indem er sie mit der Aggressivität von Licht und Farbe wie in einem Relief herausmeißelt. Mit verschiedenen, sich ständig bewegenden Lichtquellen erforscht das ausgeprägte Helldunkel die Dynamik eines plötzlichen Hinterhalts. Das erhöht den Wahrheitsgehalt der Episode des Evangeliums und aktualisiert sie in der Gegenwart. Festnahme und Konflikt des Unschuldigen mit der Gerechtigkeit der Menschen waren dem Künstler in der Tat vertraut, was auch die Betrachter wussten.

Von diesem Tumult einer Menschheit ohne inneres Licht hebt sich Christus ab mit seinem roten Gewand (erneut das Thema des „Blutvergießens"), dem fahlen Gesicht, den einzeln gezeichneten Locken und den gesenkten Händen als Symbol bedingungsloser Kapitulation, die allerdings seine Würde als Unschuldiger und von einem hinterhältigen Freundschaftskuss Beleidigter um nichts schmälert.

Auf die Gefangennahme folgt im Passionsbericht der Evangelien der Prozess Jesu, zu dem auch die Verleugnung durch Petrus gehört. Caravaggio malte sie zwischen 1609 und 1610 in Öl auf Leinwand (94 x 125,4 cm. New York, Metropolitan Museum of Art).

Das Werk ist auf den Apostel fokussiert, der in schwörender Geste die Hände zur Brust führt, während eine Frau einen Soldaten auf ihn aufmerksam macht. Die gedämpfte Farbpalette, der neutrale Hintergrund und das kalte Licht verdeutlichen die Reue über den Meineid und die Angst vor dem Tod. Das Bild besticht durch die Nachvollziehbarkeit von Caravaggios Erforschung der menschlichen Schwachheit und des Schuldgefühls; dabei geht er auch hier Rembrandt voraus.

Schließlich soll noch ein Werk von ca. 1603 (154 x 222 cm) genannt werden, das Christus zu Beginn der Passion im Garten Gethsemani zeigte, aber 1945 in Berlin zerstört wurde. Das Licht betonte den hingestreckten Körper des von Jesus ermahnten Petrus und fiel auch auf die beiden schlafenden Apostel neben ihm. Ein scharfes Helldunkel verstärkte den theatralisch-emotionalen Eindruck des Geschehens.

10. Geißelung Christi

Öl auf Leinwand, 286 x 213 cm. Neapel, Museo di Capodimonte

Dieses Werk, mit dem sich schon unzählige Kunsttheoretiker befasst haben, wurde in zwei Abschnitten (1607 und 1609) für Tommaso de Franchis gemalt und ist ein vollkommener Ausdruck von Caravaggios Spätwerk. Die Inspiration dazu erhielt er von der entsprechenden, 50 Jahre älteren Komposition von Sebastiano dal Piombo – nach einer Zeichnung von Michelangelo – für die römische Kirche San Pietro in Montorio. Caravaggio malt jedoch in einem völlig anderen Geist, entsprechend ist die malerische Wirkung.

Die Szenengestaltung setzt auf die starken Helldunkeleffekte, die der Plastizität der vier Personen zugrunde liegen und deren Bewegungen und Empfindungen hervorheben. Die Farben spielen allesamt ins Bräunliche und erscheinen gedämpft in einem Raum, der – wie die anderen Werke des Meisters aus diesen Jahren – von einer großen, dunklen, leeren Wand abgeschlossen wird. Das drohend über dem Raum schwebende Dunkel lastet sogar auf der Erzählung und verstärkt das Angstgefühl des Martyriums, dem Jesus unterworfen wird: Ein Scherge reißt brutal an seinen Haaren, ein zweiter fesselt ihn, ein dritter legt am Boden die Peitsche bereit.

Das Licht schlängelt sich über die Körper, verleiht dem Geschehen eine geradezu hektische Dynamik und „fotografiert" die blitzartige Schnelligkeit der Tortur durch die drei Männer, die darin geübt sind, ihre Mitmenschen zu martern. Caravaggio nimmt mit einzigartigem Pathos Anteil; er aktualisiert die Geschichte des Evangeliums durch Kleidung und Gesten, damit sie hier und jetzt passiert, während das Mittagslicht der Finsternis trotzt und sich bildlich einen Weg durch die menschliche Bosheit bahnt. Es trifft den massigen, in seiner äußerst irdischen Leiblichkeit dargestellten Christuskörper, der fast einem Schwerarbeiter gleicht, mit seinem rein weißen Lendenschurz, in den der Maler Lichtbündel einflicht. Der geneigte Kopf Jesu bringt sein stummes Leiden zum Ausdruck. Er ist ein von körperlichem und seelischem Schmerz erdrückter und von den vielen Schlägen ermatteter Mensch – ein weiteres Beispiel für das Thema des Verlassen-Seins. Die drei Gestalten um ihn scheinen plötzlich aus dem Dunkel hervorzutreten und dann wieder davon verschluckt zu werden; sie umringen ihn ungestüm, wobei die Säule in der Mitte als gleichmütige Zuschauerin der Marter ihren Platz hat.

Caravaggio, weit entfernt von den gefühlsgeladenen, fast schwülstigen Versionen seiner Zeitgenossen und Nachfolger, zeigt hier die ganze Kraft menschlicher Niedertracht. Das Bild schreit das Leid mit einer Intensität heraus, die Shakespeare sehr nahe steht. So wird dieser gegeißelte Mann zum Exempel der von der Last des Bösen erdrück-

ten Menschheit insgesamt, die keinen Ausweg sieht, wäre es nicht für das Licht, dessen Helligkeit an Christus festgemacht wird und das – auch für den Messias selbst – einen Hoffnungsschimmer erkennen lässt.

1607 schuf Caravaggio eine weitere Fassung der *Geißelung* (Öl auf Leinwand, 135,5 x 175,5 cm. Rouen, Musée des Beaux-Arts). Im Querformat werden darin (etwas mehr als) Halbfiguren von drei Personen präsentiert: zwei Geißler, wobei der mit dem Hut einem der Schergen des Gemäldes in Neapel ähnelt, während der andere mit entblößtem Arm eventuell der Künstler selbst sein könnte, sowie der athletische Christus, der an die Säule gefesselt wird. (Eine ähnlich athletische Körperlichkeit findet sich aus Gründen „mystischer" Interpretation in manchen neueren Filmwerken wieder, so z.B. in *Die Passion Christi* von Mel Gibson).

Der hektischen Dynamik des ersten Bildes stellt Caravaggio hier die schreckerfüllte Schwebe in Erwartung des ersten Geißelhiebs entgegen. Sie findet ihren Ausdruck im flehentlichen, zum himmlischen Vater gerichteten Blick Christi. Die Verlassenheit, von der schon bei Johannes dem Täufer die Rede war, wird erneut zum Thema und betrifft nun Christus selbst. Mit seiner klassisch-muskulösen Leiblichkeit, die durch das Helldunkelspiel fast dreidimensional wird, neigt er den Rumpf nach vorn, als wolle er der Leinwand mit ihrer erdrückenden physischen und geistigen Finsternis entrinnen, um nach einer Antwort zu suchen. Das Licht ist fast greifbar, es bringt die drei Körper zum Vibrieren und genauso den Lendenschurz und den blutroten Umhang auf einem Schemel.

Das Bild beschreibt die Stille vor dem Aufschrei, ein neuer Aspekt in der Malerei, den Caravaggio durch die unterschiedlichen Mienen der Personen wiedergibt: Die der Folterknechte sind hart und angespannt, Christus hingegen erscheint niedergeschlagen. Er wird zum unschuldig Eingekerkerten und Gemarterten schlechthin.

11. Die Dornenkrönung

Öl auf Leinwand, 127 x 165,5 cm. Wien, Kunsthistorisches Museum, Gemäldegalerie

Die drei Evangelien von Matthäus, Markus und Johannes berichten von der Dornenkrönung. Sie wurde durch die Jahrhunderte in unzähligen Fassungen dargestellt; Caravaggio malte sie 1603 für den Sammler Vincenzo Giustiniani.

Der Künstler steht offensichtlich unter dem Einfluss der beiden *Dornenkrönungen* Tizians (heute in München und Paris), wenn er den Akzent auf den leidenden Christus mit gesenktem Haupt legt, dessen Körper unter den Schlägen der Schergen kurz vor dem Zusammenbrechen steht.

Das querformatige Bild präsentiert eine Szene mit Halbfiguren, was sie umso gewaltsamer macht, weil ihre Grausamkeit den Betrachter fast anspringt. Caravaggio zeigt eine von den Henkersknechten völlig mitleidslos ausgeführte Tortur und ihre derben Schläge auf den Kopf Jesu macht er nahezu hörbar. Ihre Gesichter sind teilweise von den Schlagrohren verdeckt, indes von oben ein Lichtkegel das Geschehen scheinwerferartig erleuchtet. Es handelt sich, wie immer bei Caravaggio, um ein zugleich physisches und symbolisches Licht, nämlich um den Blick Gottes auf den menschlichen Schmerz. Es weitet sich immer mehr aus, akzentuiert die Körperbeschaffenheit Jesu, erleuchtet den purpurnen Mantel und die beiden Männer in zeitgenössischer Kleidung, die Ausdruck roher Gewalt sind. Es betont den weichen und noch immer majestätischen Leib des Geschundenen, den roten, faltigen Umhang und die beiden Männer.

Wiederum ist es das Licht, das die Leinwand in zwei Abschnitte teilt und die Rüstung des venezianisch anmutenden Soldaten, der gleichgültig oder unschlüssig zuschaut, zum Funkeln bringt. Caravaggio lässt das Helldunkel spielen, nur dass es hier durch die raschen, schlanken Pinselstriche eine bestürzende dramatische Wertigkeit annimmt wie in einem Gemälde von Tintoretto. Einzigartig ist die Gegenüberstellung zwischen dem Gesicht Jesu und dem des Schergen mit dem Gegensatz zwischen Sanftmut und bestialischer Rohheit. Dieser Christus, der kurz davor ist, völlig erschöpft auf den Boden zu sinken, strömt eine große moralische Kraft aus; der Mund ist vor Schmerz halb geöffnet, derweil ihm das Rohr vor Ermattung bald aus der Hand sinkt.

Caravaggio legt in diese Darstellungen ein tiefes, aufrichtiges Mitleid. Der Messias ist der Schmerzensmann; die Unschuld wird von der Ungerechtigkeit der Mitmenschen gemartert. Den Hintergrund dazu liefert eine Zelle, genauso stumm und taub wie die Gefängnisse aller Zeiten. Auch in diesem Bild spielt das Blutrote eine wichtige Rolle: in den Tropfen, die vom Haupt Jesu auf seine Brust rinnen, im purpurfarbenen Mantel und in dem „Blut der Seele", von dem die damaligen Mystiker sprechen, um auf die innerlich-geistigen Prüfungen des Messias und der Christen anzuspielen. Ganz eindeutig ist die erlösende Funktion des Blutes Christi, der die Freiheit der Menschen mit seinem Leben bezahlt.

Caravaggio schuf 1600–1602 ein weiteres Gemälde mit gleichem Motiv (Öl auf Leinwand, 178 x 125 cm. Prato, Cassa di Risparmio) für Massimo Massimi, wie wir aus den eigenhändigen Aufzeichnungen des Künstlers wissen. Auf der hochformatigen Leinwand sehen wir Christus mit entblößtem Oberkörper, beleuchtet vom Licht, das von links kommend sowohl ihn als auch den Rücken eines jungen Mannes trifft. Dieser zeigt Anklänge an einen ähnlichen Dargestellten im *Martyrium des hl. Matthäus* (Rom, San Luigi dei Francesi). Weit weniger hell sind der Soldat, der Christus gerade die Dornenkrone aufdrückt, und der Scherge, der ihn festhält.

Der Messias stößt unwillkürlich ein Stöhnen aus, bildhaft gemacht durch die erhobene Hand und den Blick zum Himmel, der Tröstung erbittet.

Die Szene enthüllt einen stumpfen Schmerz, die Folterknechte und der Gefolterte sind äußerst eng beieinander, wodurch die Spannung erhöht und dem Gemälde eine Atmosphäre körperlicher wie seelischer Unterdrückung verliehen wird.

Caravaggio, der dem folternden Soldaten seine eigenen Züge gegeben hat, nimmt persönlichen Anteil am Ereignis im düsteren Ambiente. Die rohen, gedrungenen Gestalten treten plastisch, ja monumental daraus hervor, wie mit rötlicher Farbe und scharfem Licht herausgemeißelte Reliefs. Das Werk äußert eine tiefe Beunruhigung, ein tonloses Drama, das belastet und aufwühlt.

12. Ecce Homo

Öl auf Leinwand, 128 x 103 cm. Genua, Galleria Civica di Palazzo Rosso

Der Auftrag für dieses Gemälde wurde am 25. Juni 1605 von Massimo Massimi unterzeichnet. Offenbar wurde er von Caravaggios Werk nicht zufriedengestellt, denn zwei Jahre später ersetzte er es durch das gleichnamige, pathetischere und eher der Tradition verpflichtete Werk von Cigoli (Florenz, Palazzo Pitti, Galleria Palatina). Dessen unüblich hochformatiges Bild war für die persönliche Andacht bestimmt und zeigt, den venezianischen Malbräuchen entsprechend, drei plastische Gestalten hinter einer Balustrade. Aus der Dunkelheit treten Christus, ein Übeltäter und Pilatus hervor; sie sind beleuchtet von einem flach gehaltenen Licht, das hell auf den Körper eines schönen, sanftmütigen, auf seinen ergeben angenommenen Schmerz konzentrierten Christus strahlt. In dieser überirdischen Ruhe des Messias findet sich der Widerhall einer mystischen Tradition, die Jesu vollkommene Unterwerfung unter den Willen Gottes betont, die Unterwerfung des „Gottesknechts" aus dem Alten Testament, in der die katholische Exegese eine Vorwegnahme der Passion Christi erkannte. Die ungeordnete, schreiende Menge, von der die Evangelien berichten (vor allem das 19. Kapitel des Johannesevangeliums) ist hier nicht zu sehen. Sie ist implizit und spiegelt sich nur – in einer originellen theatralischen Erfindung – in den Zügen des Pilatus wider, eine groteske Karikatur eines zeitgenössischen Richters, und auf den unförmigen Zügen des Schergen, genauso hässlich wie alle seine „Kollegen" auf ähnlichen Bilder, denn sie sind ja die Werkzeuge des Bösen.

Caravaggio hingegen überwindet auf einen Schlag alle traditionell-figurativen Strömungen, die oft auf pathetische oder sentimentale Aspekte (Moretto, Tintoretto), auf Spektakuläres (Barocci) oder auf den ergebenen Schmerz Jesu inmitten von diabolischen Gestalten (vor allem in der mitteleuropäischen Kunst, man denke nur an Bosch, Grünewald oder Schongauer) setzten, und erfindet eine Gestaltungsform, in der klassische Suggestionen und realistischer Ansatz einen starken emotiven, farblichen und geistigen Kontrast untereinander aufweisen.

So wird die Leinwand zur Darstellung des Guten (siehe Christus mit seinem wohlgebauten, zugleich wirklichen und idealen Körper) und des Bösen (siehe Pilatus' Heuchelei und die Dummheit des Henkersknechts). Caravaggio beschreibt die Gedanken dieser Männer. Beim schwarz gekleideten Richter mit seiner beredten Geste betont er die Augen mit hochgezogenen Brauen, das dunkle Gesicht und den ungekämmten Bart, beim Schergen, der den scharlachroten Umhang auf die Schultern des Messias legt, den zu einer letzten Verhöhnung geöffneten Mund. Bei Christus könnte es sich sogar um ein Porträt handeln;

der Bart wurde später hinzugefügt. Die hellen Töne der Farbpalette des Meisters kommen nur auf dem Lendenschurz zum Einsatz. Mit einigen hellen Farbtupfern sind auch die Dornenspitzen angedeutet. Nur wenige Blutstropfen werden sichtbar gemacht. Wir bewegen uns eher im Bereich der Kontemplation als der realistischen Beschreibung – genau das Gegenteil vom anderen Bildteil, der ganz gewollt die menschliche Gerechtigkeit verspottet, so wie der Künstler selbst diesbezüglich zahlreiche Vorbehalte hatte. Es handelt sich in der Tat um einen persönlichen Akzent, der uns die (man könnte sagen: zornige) Anteilnahme des Künstlers offenbart.

Dennoch passt auch diese Seite zum Gesamtbild, denn der friedvolle Christus schafft Einklang zwischen den Gegensätzen, nicht zuletzt dank der dickeren Farbstriche, die ihm vorbehalten sind, während Caravaggio die anderen beiden Figuren mit einer schnellen Pinselführung konstruiert hat.

Trotz allem strömt durch das Bild ein seltenes Friedensempfinden, das sowohl für Caravaggio als auch für die üblichen Darstellungsarten ungewöhnlich war. Das Bild wird zahlreiche Maler inspirieren bzw. ihnen als Vorlage dienen, so auch für die eher rührseligen Werke von Guido Reni und Guercino.

13. Grablegung Christi

Öl auf Leinwand, 300 x 203 cm. Rom, Vatikanische Pinakothek

Das Werk entstand 1602–1604 für die Kirche der Oratorianer des hl. Philipp Neri, Santa Maria in Vallicella. Eher noch als eine Grablegung hat der Meister den Transport Christi zur Grabstätte ins Bild gesetzt, wie es in der christlichen Ikonografie weithin üblich war. Man erkennt starke Anklänge an das gleichnamige Werk Raffaels (Rom, Galleria Borghese), denn auch Merisi übernimmt den herabhängenden Arm des toten Jesus von Michelangelos *Pietà* in St. Peter. Inspiriert wurde er jedoch ebenfalls von der berühmten *Grablegung* des mit Michelangelo befreundeten Daniele da Volterra (Rom, Trinita' dei Monti).

Wir erleben eine Art „klassisches Intermezzo" im Œuvre des Künstlers, der das Bild feierlich, theatralisch, im Sinne eines religiösen Schauspiels inszeniert – vielleicht sogar mit einem Echo an die lebensgroßen „Compianti"-Skulpturen des 15. Jahrhunderts in der Region Emilia.

Der Leichenzug gelangt zur dunklen Höhle der Grabstätte (die Finsternis des Todes). Sie ist „in den Felsen gehauen" (vgl. Mt 27,60) und der große Stein wurde schon weggehoben, um den Durchgang freizugeben. Der Bericht in den vier Evangelien ist karg, knapp; nicht so Caravaggios Darstellung: Ihre betonte Eloquenz erklärt sich durch den Standort in einer Kirche, wo den Gläubigen die Tatsache des „wahren Todes" Christi eindringlich vor Augen geführt werden sollte in einer Kombination von Pauperismus, Schönheit und Wahrheit.

Der Körper des Messias ist kraftvoll, athletisch, lichtdurchflutet – das nach hinten fallende Haupt mit dem totenblassen Gesicht wirkt eher wie ein Porträt –; Johannes und Nikodemus tragen ihn zum Grab. Drei Frauen folgen ihnen in nächster Nähe: die Muttergottes mit ihrem edlen, bejahrten Gesicht und kreuzförmig ausgestreckten Armen (Abbildung der „Passion" Marias, die in der katholischen Spiritualität als „Mit-Erlöserin" gilt), Maria Magdalena, die weinend dargestellt ist (entsprechend ihrer Deutung als die berühmte reuige Sünderin, die Jesu Füße mit ihren Tränen benetzt), Maria von Klopas erhebt die Arme zum Himmel in verzweifelter Trauer, eine archaische Beweinungsgeste.

Durch die lebhaften Farben wird die Szene in unmittelbare Nähe des Betrachters gebracht: das Rot und das Grün von Johannes' Kleidern, das Blau des Madonnengewands, die Gelb- und Weißtöne der beiden anderen Frauen und das Braun-Orange des Nikodemus (ein eindeutiges Porträt Michelangelos, der sich in der *Pietà* für den Dom von Florenz ebenso als Nikodemus, den „ersten christlichen Bildhauer", dargestellt hatte), der uns anschaut: Der Gläubige soll an der schmerzvollen Klage Anteil nehmen.

Schmerz wird vom Maler gleichsam „stechend" zum Ausdruck gebracht und äußert sich sowohl in den erhobenen Armen Maria von Klopas' als auch in den tränenlosen Zügen der beiden Jünger. Das Licht auf dem Körper Jesu und dem neuen weißen Leichentuch scheint die Auferstehung vorwegnehmen zu wollen; es ist das materielle und geistige Verbindungsglied zwischen den Trauernden, die alle im Vordergrund und monumental ins Bild gesetzt werden.

Der Maler schleust in diese große Trauer gleichzeitig ein Gefühl der Hoffnung ein, trotz allem sinnfällig gewordenen Schmerz. Davon ausgenommen ist die Mutter Jesu, denn sie wird üblicherweise als diejenige dargestellt, die „alles in ihrem Herzen bewahrte" (vgl. Lukasevangelium), also in einer meditativen Haltung, die ihr Leid weniger zur Schau stellt. Es äußert sich allerdings ganz klar in der „spirituellen Kreuzigung" ihrer ausgestreckten Arme.

Diese *Grablegung* war ursprünglich nicht als selbstständiges Werk konzipiert: Sie gehörte zum Gestaltungsplan der Kirche mit ihren 15 Kapellen, die jeweils einem Rosenkranzgeheimnis gewidmet werden sollten. Dieses katholische Mariengebet hatte im 16. Jahrhundert seine endgültige Form gefunden und so sollte die *Grablegung* eine Etappe zum Nachdenken und Meditieren über Schmerz und Herrlichkeit sein.

Der Tod wird hier als absurder Schmerz verstanden und findet seine Äußerung im dunklen Hintergrund, aus dem die Gestalten wie Bronzeskulpturen hervortreten. Sie sind gleichsam getrieben von einem gleißenden Licht mit einer Quelle außerhalb des Bildrahmens. Wie in anderen Werken ist eben dieses Licht der Hoffnungsträger in einer nur allzu menschlichen Angst vor der unbegreiflichen Tatsache des Todes, der sich auch Christus unterzogen hat. Doch der Stein vor dem Grab wurde schon weggewälzt als Zeichen der Auferstehung des Messias für den Betenden.

14. Abendmahl in Emmaus

Öl auf Leinwand, 141 x 175 cm. Mailand, Pinakothek Brera

Caravaggio malte dieses Bild (nach der Tötung von Ranuccio Tomassoni am 6. Mai 1606) in einem Anwesen der Familie Colonna in Paliano oder Palestrina unweit von Rom. Es ist erstaunlich, wie der Künstler auf der Flucht ein solch beseeltes, konzentriertes Werk schaffen konnte.

Das Mysterium der Auferstehung (vgl. Lk 24) manifestiert sich in leiser Überraschung, Einfühlsamkeit und Betrachtung eines Ereignisses, das sich nach Ansicht des Malers auch heute, an einem beliebigen Ort, sogar in einer Taverne (vgl. die *Berufung des Matthäus*), wiederholen kann. Unverkennbar ist der Anklang an die Bibel der Armen und Bescheidenen, die Caravaggio so sehr am Herzen lag.

Die querformatige Komposition erinnert an die lombardisch-venetische Malerei (Bassano, Moretto und Tizian) und an die schattenhaften Atmosphären Leonardos. Der männliche Christus mit klassischer Physiognomie hat soeben das Brot gebrochen und segnet es nun. Das Evangelium bezeichnet dies als die Handlung, woran die Jünger den auferstandenen Meister erkannten. An den hochgezogenen Brauen erkennen wir die Verwunderung des rechts sitzenden Bauern, der sich mit beiden Händen an die Tischplatte klammert; sein linkes, übergroßes, abstehendes Ohr (ein Verweis auf den Evangelisten Lukas?) scheint die Worte Christi mit besonderer Aufmerksamkeit hören zu wollen.

Das Gesicht des anderen Jüngers bleibt im Schatten; auch seine Haltung drückt Überraschung aus. Die beiden stehenden Figuren (Wirt und Magd) zeigen unterschiedliche Reaktionen: Er schaut neugierig und fragend, sie (ein reifer Frauentyp, der sich in anderen Werken wiederfindet) senkt die Augen im faltigen Gesicht und schaut eher ergeben und nachdenklich drein. Sie stehen in der Meinung des Malers für zwei verschiedene Geisteshaltungen gegenüber dem Geheimnis: fragend beim Wirt, akzeptierend bei der Magd. Mit aufs Wesentliche beschränkten Licht- und Farbspuren beschreibt Caravaggio auch diese Gemütsbewegungen.

Auf dem Tisch ist eine helle Tischdecke über einen Teppich gebreitet; wir sehen Brote, einen Krug Rotwein, einen Teller mit Gemüse: die Nahrung der Leute vom Land. Keine Theatralik beherrscht die Szene, die eher den Eindruck eines häuslich-schnörkellosen religiösen Schauspiels vermittelt. Christus tritt sanft aus dem Schatten heraus, umhüllt von einem niedrigen, warmen Licht, das, von links kommend, einen Teil seines Gesichts und die segnende Hand beleuchtet, das ganze Tischtuch einnimmt und sich schließlich auf die stehenden Personen ausweitet, um sich auf der Brust der alten Frau im

Schatten zu verlieren. Es hinterlässt einen Effekt mit den Umrissen eines Fisches, ein seit dem frühesten Christentum verwendetes Symbol, um die Gegenwart Christi anzuzeigen.

Man bemerke den für den Maler typischen diagonalen Bildaufbau mit seiner Trennungslinie zwischen Licht und Schatten. Aus der Finsternis bringt Caravaggio Leben hervor. Das Helldunkelspiel ist hier jedoch zurückhaltend, einnehmend, ein Vorgeschmack auf Rembrandt. Caravaggio präsentiert uns nämlich nicht den dramatischen Augenblick, in dem sich ein Toter als lebendig herausstellt und dadurch Schrecken und Verstörung verursacht, sondern die äußerst diskret gehaltene Erscheinung-Offenbarung des Göttlichen im Alltäglichen. Die Handhaltung Christi verweist auf den Schlusssegen am Ende der katholischen Messfeier.

Dem heiligen Geschehen kommt hier – trotz oder gerade dank der großen Einfachheit – eine tiefe spirituelle Bedeutung zu, die den Menschen einbezieht. Christus, ganz auf sein Handeln konzentriert und denkbar traurig über den Unglauben der Jünger und sein bevorstehendes Verlassen der Erde, wird im nächsten Augenblick entschwinden und erst dann werden die Jünger glauben.

Man muss dieses Werk lange betrachten, um seine Symbolträchtigkeit zu erfassen. Verhaltene Gefühle, gedeckte Farben und sparsame Pinselstriche vermitteln ein tiefes religiöses Empfinden. Es scheint sich besonders in der Leere links oben zu verdichten, der Caravaggio die Konkretisierung des „Geheimnisses" überträgt.

Das gleichnamige, 1602 für Ciriaco Mattei geschaffene Gemälde (Öl auf Leinwand, 141 x 196,2 cm. London, National Gallery) ist im Vergleich dazu so „kinematografisch" wie ein Tintoretto mit seinen vielen Gegenständen, Bewegungen und Gefühlen. Es zeigt den plötzlichen Eintritt des Göttlichen in das Leben der Menschen. Der ältere Jünger streckt die Arme aus wie am Kreuz, der jüngere springt vom Stuhl auf. Christus, bartlos dargestellt wie bei Michelangelo oder in der damals erst kürzlich wiederentdeckten frühchristlichen Kunst, wirkt in seinen kräftig roten und weißen Gewändern erfrischend jugendlich. Zugleich segnet und weiht er (wie im *Letzten Abendmahl* Leonardo da Vincis) die Gerichte auf dem reichlich gedeckten Tisch und den nicht zur Jahreszeit passenden Obstkorb (die „Paraphe" des Malers), der wegen der unkontrollierten Bewegungen der Jünger herunterzufallen droht. Der Wirt blickt perplex auf Jesus, der sich plastisch vom Schatten abhebt. Geradezu virtuose Glanzeffekte bemerkt man auf den Stillleben, der Weißweinkaraffe, der Kleidung (siehe den Riss in der Jacke über dem Ellbogen) bis zum Teppich auf dem Tisch. Es ist eine Auferstehung mit durchweg positivem Charakter, der Sieg des Lebens über den Tod. Caravaggio, der Maler des Lebens, spürt das mit höchster Intensität, und daraus ergibt sich die Theatralik der Gefühle, der Farben, des Lichts.

15. Ungläubiger Thomas

Öl auf Leinwand, 107 x 146 cm. Postdam-Sanssouci, Bildergalerie

Das Werk, ehemals Teil der Sammlung des Markgrafen Vincenzo Giustiniani, geht auf ca. 1600–1601 zurück, als sich Caravaggio in Italien und ganz Europa einen Namen zu machen begann.

Der Künstler behandelt das Thema „um des Glaubens willen glauben" (Joh 20) und das Bedürfnis des ungläubigen Menschen, Gott mit Händen greifen zu können, das in der Zeit der katholischen Reform entscheidende Bedeutung erlangte. Er löst das Problem auf seine Art, nämlich ohne jeden Pomp, wie es hingegen Sebastiano dal Piombo und Dürer getan hatten. Die Leinwand im Querformat liefert den Untergrund für vier Halbfiguren nach venezianischem Brauch, ähnlich einer Nahaufnahme in Kinofilmen. Es handelt sich um das erste christologische Sujet Caravaggios, weswegen seine kunsthistorisch-stilistische Bedeutung in der Entwicklung des Meisters hoch einzustufen ist, zeigt es doch eine (vielleicht nicht einmal unwillkürliche) Parallele zwischen der Passion Christi und der Passion des Menschen Michelangelo Merisi an.

Der neutrale Hintergrund symbolisiert vermutlich die Nacht des Zweifels oder auch die geistige Finsternis, der die Jünger nach dem Tod ihres Meisters verfallen sind. Davor sehen wir das Personenquartett, dessen Blicke auf der Wunde in Jesus' Seite konvergieren. Dieser ist in sein helles Leinentuch eingehüllt und umgeben von einem durchscheinenden Licht. Vom linken Bildrand ausgehend, „erwärmt" es die satten Rot- und Brauntöne der Kleidung der Jünger und ihre derben, vom Leben gezeichneten Gesichter, die ganz auf das Sehen und Berühren konzentriert sind, damit sie zum Glauben kommen. Caravaggio beschreibt die Suche des Menschen nach dem Glauben auf höchst natürliche Weise. Sein Christus – nach klassischer Manier in ein Tuch gewickelt und daher sowohl in als auch außerhalb der Zeit stehend – zeigt Verständnis für die Schwierigkeiten der Menschen auf ihrem Weg zur Wahrheit.

Thomas, nach vorn geneigt, betastet die Wunde, ja schiebt sogar seinen Finger hinein mit dem gleichen heftigen Realismus, den der Maler schon in seiner *Judith* gezeigt hat. Die beiden anderen „betasten" sie in Gedanken, so sehr sind sie darauf konzentriert. In ihnen sieht Caravaggio den im Menschenverstand stets ausgeprägten Instinkt zum sinnhaften Begreifen.

Christus zieht Thomas' Hand sanft an seine Seite, d.h. er selbst verhilft dem Menschen zur Wahrheit. Sein Gesicht ist äußerst menschlich, ergreifend, fast als wiederhole sich der Kreuzigungsschmerz wegen der Ungläubigkeit des Jüngers. Es ist bemerkenswert, dass sich Caravaggio hauptsächlich mit den leidvollen Stunden im Leben des Messias befasst; dabei zeigt er großes Mitleid sowohl mit der menschlichen Schwäche als auch mit dem Schmerz, den die Menschen Christus zufügen.

Der Künstler kennt aber auch den Zweifel und stellt ihn dar, wie doch oft in den Evangelien von zweifelnden Menschen die Rede ist. Die Monumentalität der Figuren scheint dieses Gefühl ins Gigantische ausweiten zu wollen – bis zur Antwort des Auferstandenen, der genauso hell strahlt wie die Wahrheit.

Bei näherer Betrachtung des Bildes (das oft kopiert wurde, was seinen Popularitätsgrad belegt) drücken die vier eng zusammengeführten Köpfe ein einzigartiges Geflecht von Empfindungen aus, die der Maler in üppigem Farbauftrag mit kreisförmig geführtem Pinselstrich verdichtet, um dem Betrachter selbst die Gefühle vor Augen zu stellen.

Heilige und menschliche Geschichte fallen – wie so oft bei Caravaggio – auch hier zusammen. Er vertieft sich immer mehr in die Erforschung menschlicher Empfindsamkeiten und es gelingt ihm sogar, die Emotionen des Auferstandenen visuell zu erfassen. Dieser bleibt zwar seiner metaphysischen Ebene verhaftet, rückt jedoch in eine menschennahe Dimension.

16. Berufung des Saulus

Öl auf Leinwand, 230 x 175 cm. Rom, Santa Maria del Popolo

Dies ist das zweite Seitenbild für die Cerasi-Kapelle (1600–1601). Vom hier dargestellten Ereignis (einem jederzeit beliebten Sujet) berichten sowohl die Apostelgeschichte als auch Paulus selbst. Es drängt sich ein Vergleich mit Michelangelos Fresko in der Cappella Paolina auf, der jedoch einen ganz anderen Gestaltungsansatz wählte. Die beiden Werke haben in der Tat nur den Sturz vom Pferd und das vom Licht angestrahlte Gesicht gemein.

Michelangelo entscheidet sich für eine epische Deutung: Christus kommt energisch wie Zeus aus dem Himmel herab; der Raum ist schier unendlich ausgeweitet und darin betrachtet eine in ihren Gesten und Blicken in der Schwebe gehaltene Menschengruppe den von der Berufung geblendeten Apostel.

Caravaggio dagegen hält sich genau an die Angaben der Heiligen Schrift, verleiht ihnen eine intime, nicht-öffentliche Dimension. Außer Saulus sind nur ein Pferd und ein Stallknecht zu sehen und man weiß nicht, ob sich die Szene auf der Straße oder – eher – in einem Raum abspielt. Der Hintergrund ist dunkel und nur von wenigen Mondstrahlen rechts oben erhellt; sie durchbrechen die Finsternis, fallen auf den Rücken des imposanten Pferdes und erreichen dann den zu Boden gestürzten Saulus.

Es herrschen Stille und Einsamkeit, vom Maler weiter akzentuiert durch seine subtile psychologische Einsicht in die Darstellung dessen, was sich in der Seele eines Berufenen abspielt. Wir sehen hier in der Tat eher eine Berufung als eine Bekehrung, die unmittelbar danach folgt. Christus ist nicht zu sehen; das Licht wird jedoch zu seinem Wort und Abbild.

Paulus, ein junger Reiter, liegt mit ausgebreiteten Armen am Boden. Es ist eine Geste der Kapitulation beim Erscheinen der Gnade, der Überraschung und momentanen Bestürzung: drei unterschiedliche Gefühlsregungen, die durch die außerordentliche gestalterische Fantasie des Künstlers in eine einzige Szene gesetzt werden.

Es ist Nacht. Die Strahlen kommen nicht nur vom Licht der Gnade Christi, sondern es sind die sichtbaren des Mondes, dessen schwache, unaufdringliche Leuchtkraft den Männerkörper bescheint. Sein Mund ist offen; er hört zu. Die Augen hingegen sind wegen des heftigen Glanzes geschlossen, gleichsam als habe Christus selbst sich in diesem Leuchten auf ihn gelegt. So analysiert der Maler sowohl die physische als auch die geistige Verblendung des Menschen angesichts des Unerwarteten, das ihn übersteigt. Die warmen Farben sind reich an wundervollen Harmonieeffekten: vom Weiß und Braun des großen Pferdes – ein wahres Bühnenbild und echter szenischer Genie-

streich – über das Gesicht des alten Stallknechts, zum starken Rot, das auf der Rüstung fast rosa wird, zu den kurzen, durchscheinend-weißen Ärmeln als Lichtfänger, wie sie für Caravaggio typisch sind.

In diesem stillen, nächtlichen, ganz verinnerlichten Gemälde erhält das Thema der Berufung eine andere Dimension als bei der *Berufung des hl. Matthäus*: Dort erfolgte die ebenso plötzliche Berufung in der Öffentlichkeit und bei Tageslicht. Hier wird sie zu einem seelischen Ereignis, nur dem Berufenen bekannt. Daraus ergibt sich die Einsamkeit in den äußeren Umständen und in Saulus selbst, die vom weichen Helldunkel betont wird. Caravaggios ehemals physischer Naturalismus wird in diesem Fall zur spirituellen Begebenheit.

Vor dieser Version hatte der Maler wenig früher schon eine andere geschaffen (Öl auf Zypressenholz, 237 x 189 cm. Rom, Sammlung Odescalchi). Sie wurde abgelehnt, nicht jedoch vom Auftraggeber Cerasi, der schon verstorben war, sondern vom Ospedale della Consolazione, seinem Alleinerben.

Caravaggio erdachte für dieses Bild eine Szene voller Personen und „Situationen". Wie bei Michelangelo kommt Christus, von einem Engel gestützt, vom Himmel herunter auf Saulus zu, der sich ob des Lichts die Augen bedeckt und vergeblich von einem bärtigen Krieger verteidigt wird.

Man sieht eine fahle Landschaft, blätterreiche Äste, ein scheues Pferd. Die Farben sind unnatürlich, und man spürt noch den Einfluss der Manieristen in diesem übersteigerten Auftritt, in dem das kalte Licht wie verrückt umherirrt. Man merkt, dass Caravaggio eine Krise seiner Ausdrucksfähigkeit erlebt und dass er noch nicht zu der Sublimierung gefunden hat, die die zuerst besprochene Version kennzeichnet.

In ihrer Spektakularität betont das Bild in jedem Fall das Element der Berufung, zeigt uns vor allem deren schmerzvolle Seite, mit dem Gegensatz zwischen dem Soldaten (die Macht des Bösen?), der Saulus vor der „Aggression" durch Christus zu verteidigen sucht, und Saulus, der mit schneller Bewegung die Hände vors Gesicht führt, was ebenfalls zur überhitzten Dynamik des Gemäldes beiträgt. Darin vereint Caravaggio die unterschiedlichen Elemente durch das fast gewaltsame Aufblitzen des Chiaroscuro, das zum Ausdruck eines einzigartigen Ereignisses wird.

17. Kreuzigung des hl. Petrus

Öl auf Leinwand, 230 x 175 cm. Rom, Santa Maria del Popolo

Das Gemälde entstand 1600–1601 für die Cerasi-Kapelle, unmittelbar im Anschluss an die Darstellungen des hl. Matthäus für San Luigi dei Francesi, sozusagen als deren ideelle Fortsetzung. Das Sujet hat seinen Ursprung im 21. Kapitel des Johannesevangeliums wie in den ältesten christlichen Heiligenlegenden.

Auch in diesem Fall geht Caravaggio eigene Wege und stellt nicht – wie andere – die schon erfolgte Kreuzigung, sondern die Aufrichtung des Kreuzes dar. Darin ähnelt das Werk dem gleichnamigen von Michelangelo in der Cappella Paolina, ohne jedoch dessen unwirkliche Stimmung und Personenreichtum.

Der Maler beschränkt seine Darstellung auf vier Personen: drei Arbeiter und Petrus. Die Henkersknechte sind beeindruckend realistisch. Mit ihren gegerbten Zügen und staubigen Füßen, in ihren abgewetzten Kleidern, durchgesessenen Hosen und zerrissenen Jacken sehen sie eher nach angestrengten, Mühe gewohnten Arbeitern als nach Bösewichten aus. Sie sind ein modernes Porträt der menschlichen Arbeit und der niederen Volksschicht, die auf einem braunen, zerklüfteten Felsen Schwerstarbeit leisten muss.

Im Unterschied zu anderen Darstellungen sehen wir hier keine Bosheit. Der Heilige ist ein alter Mann mit noch kräftigem Körper, dessen heller Blick trotz allen körperlichen Leids, das sich im letzten Stoßgebet äußert, zu einem Punkt außerhalb der Leinwand gerichtet ist, nämlich zum Himmel, gemalt von Annibale Carracci im Altarbild (*Aufnahme Mariens in den Himmel*), in den er einzugehen hofft.

Schmerz, Gebet und sein Ja zum Martyrium sind im Antlitz des Alten zu erkennen. Es umfließt ihn ein flaches Licht von links oben, das sich auf dem neutralen Hintergrund ausbreitet und wundervolle Farbkombinationen zwischen Weiß (der Lendenschurz des Heiligen und das Hemd des unter dem Kreuzesstamm kauernden Arbeiters), Ockergelb und Rot (der Umhang links) bildet. Realismus des Lebens und Realismus der Seele gehen eine enge Verbindung ein, um im Betrachter eine eindringliche Empfindung zu wecken, die ihn quasi „angreift", auch weil das Bild die Stille, in der sich die Kreuzigung abspielt, die rasche Handlung und die Erkenntnis des nahen Todes im Glauben wahrnehmbar macht.

Caravaggio benutzt das Licht, um das Geschehen zu verdichten und die Aufmerksamkeit auf wenige Personen zu konzentrieren, damit es gegenwartsnah, „sprechend" wird; so sind ja auch die namenlosen Körper, denen der Maler Stimme und Leben verleiht. Bei Caravaggio wird das anonyme Volk in der Tat zum Protagonisten der Gemälde. Petrus ist dafür ein gutes Beispiel: ein alter Mann, wie man auf der Straße viele sieht, den der Künstler jedoch zum Sinnbild der Kraft und Mühe seines christlichen Zeugnisses macht – abzulesen an der angenagelten, verkrampften Hand, die den Schmerz bis zum Äußersten erduldet.

Das Werk fand viele Nachahmer (so z.B. Caravaggios Zeitgenosse Guido Reni – Vatikanische Pinakothek) und belegt einen weiteren Schritt des Malers, um den Schatten als Ausdrucksmittel zu benutzen: Daraus erwachsen die Figuren; sie springen den Betrachter geradezu an, werden monumental und bringen dadurch Caravaggios dramatisch-symbolisches Konzept in Bezug auf religiöse Themen noch besser zum Ausdruck.

18. Tod Mariens

Öl auf Leinwand, 369 x 245 cm. Paris, Louvre

Es war der Jurist Laerzio Cherubini, ein Freund von Caravaggios Gönner Kardinal Del Monte, der 1605 dieses große Bild für seine Grabkapelle in der römischen Kirche Santa Maria della Scala in Auftrag gab. Es wurde zunächst über dem Altar aufgehängt, dann jedoch von den Karmelitern abgelehnt. Rubens kaufte es 1607 für den Herzog von Mantua, Vinzenz I. Gonzaga. Der Ablehnungsgrund liegt auf der Hand, wenn man die höchst dramatische Szenengestaltung betrachtet, die in der Geschichte dieses Sujets keinen Präzedenzfall kannte: Die *Dormitio Virginis* wurde normalerweise feierlich oder als sanftes Entschlafen dargestellt (s. auch Cavallinis Mosaik in Santa Maria in Trastevere). Caravaggio hingegen konzentriert die stumme Trauer der Armen angesichts des Todes der Mutter in einer Shakespeare nahen Dichte. Die Revolution des Malers in der Sakralkunst besteht darin, dass er normale Menschen und ihren Alltag in das Geschehen einführt, um es glaubwürdiger zu machen.

Auf die hohe, kahle Wand schleicht sich das Licht ein, das die Gestalten zusehends erhellt, sie durch Schatten umreißt. Der große, blutrote Vorhang am oberen Bildrand dient der Trauergruppe als Theaterkulisse. Das Licht schafft sehr schöne, bedeutungsvolle naturalistische Effekte, indem es über die Glatzen der Apostel streicht, mit warmer Farbe den Madonnenleib umspielt, um dann über den Rücken der weinenden Maria Magdalena mit virtuos erzielter Wirkung auf den vergoldeten Kupferkessel hinunterzugleiten.

Sanft werden ergreifende Details betont: die tot vom Kissen herabhängende Madonnenhand, der Apostel, der sich die Augen wischt; die dichte Gruppe der Apostelköpfe, alles Äußerungen verhaltenen Schmerzes; Johannes, in Gedanken versunken, stützt den Kopf auf den Arm. Aber auch die Farben spielen eine Rolle: das starke Rot von Marias Kleid, die gelben Umhänge, das weiße Leintuch.

Caravaggio erzählt von Schmerz und Tod als einem unsäglichen (man möchte fast sagen untröstlichen) Kummer angesichts des aufgedunsenen Körpers der toten Muttergottes (der aufgetriebene Leib verweist wiederum auf Marias Mutterschaft). Dieser Realismus erregte großen Anstoß, zumal auf der Kritikerseite keinerlei Verständnis für die symbolischen Details der Darstellung vorhanden war.

Eigentlich schaffen die Wahrhaftigkeit der Szene und das vorherrschende Gefühl der Trauer, als wolle die gesamte Menschheit diesen Tod beweinen, eine durch und durch fromme Atmosphäre, wie sie in anderen, religiös deklarierten Werken nur selten festzustellen ist. Caravaggio nimmt persönlich daran teil (er ist im Profil unmittelbar hinter dem alten Apostel mit gelbem Mantel zu

erkennen) und erfüllt das Werk mit aufrichtiger Ergriffenheit, unterstrichen durch die Darstellung eines ärmlichen, bescheidenen Ortes und teilweise unvollendeter Figuren sowie der wenigen Dinge im Raum.

Der Tod ist bereits eingetreten und das Licht zeigt ihn gleichzeitig in seiner Härte und in seinem Frieden. Ein Gefühl der Trostlosigkeit durchzieht das Gemälde und lässt uns durch seine Bitterkeit erstarren, denn Caravaggio will sogar die innersten Gedanken jeder Person auf die Leinwand bringen. Den Gegensatz dazu bildet der friedliche Ausdruck auf dem Gesicht Marias, in unbestimmbarem Alter (eine Anspielung auf ihre „Unbefleckheit"?), auf ihr kleines Lager aus Eisen hingestreckt.

Der Maler lässt uns miterleben, dass das Leben gewichen ist und wie hart diese Tatsache für den Menschen ist. Der nachdenkliche Johannes an Marias Seite (die ihm ja von Christus vom Kreuz herab anvertraut wurde, wie uns das Evangelium berichtet) meditiert jedoch über die Hoffnung eines fortbestehenden Lebens. So wurde dieses Sujet, vor allem in der Kunst der Ostkirche, oft als Aufnahme Marias in den Himmel dargestellt.

Mit diesem Bild endet Caravaggios Bibelzyklus. Die Szene findet sich zwar in der kirchlichen Überlieferung und in der Volksfrömmigkeit, nicht jedoch in den vier kanonischen Evangelien. Sie erscheint in jedem Fall als geeigneter Abschluss für die Evangeliengeschichten des Malers, nicht nur wegen Marias Zugehörigkeit zur ersten Christengemeinde in Jerusalem, sondern auch wegen der ihr vom Künstler vorbehaltenen Darstellungsart: eine Frau seiner (und unserer) Zeit, dem einfachen Volk nahe, mit dem sie Leid und Hoffnung teilt.

Der Einfluss Caravaggios auf die italienische und europäische Kunst

Anfang des 17. Jahrhunderts schrieb Karel von Mander aus Westflandern in seinem *Schilder-Boeck* (Malerbuch) von einem Michelangelo da Caravaggio, „die te Room wonderlijcke dinghen doet". Kopien und Originalwerke des noch lebenden Malers tauchten schon damals im Ausland auf und begründeten den Ruhm seines revolutionären Stils.

Obwohl er nie eigene Schüler oder geniale Mitarbeiter hatte, wie sie etwa aus den Schulen von Carracci oder Rubens hervorgingen, war sein Einfluss schon zu Lebzeiten immens. Zu bedenken ist auch, dass sein abenteuerliches Leben, seine Reisen nach Genua, in die Marken, nach Neapel, Sizilien und Malta und seine Aufenthalte in der Nähe von Rom die Möglichkeiten zu geregeltem Arbeiten erheblich einschränkten.

Trotz starker Kritik seitens einflussreicher Persönlichkeiten wie Zuccari oder Baglione leitete sein Malstil eine Strömung ein, die – teils unterschwellig teils offenkundig – ganz Europa durchzog. Viele nicht-italienische Künstler wurden von ihm nachhaltig geprägt, entweder durch Abdrucke bzw. Kopien seiner Werke oder während eigener Italienaufenthalte, so dass der „Caravaggismus" als eine eigenständige künstlerische Gattung des gesamten 17. Jahrhunderts und darüber hinaus bezeichnet wird.

Natürlich genossen die Künstler den Kontakt mit Caravaggio nur über einen bestimmten (mehr oder weniger langen) Zeitraum, mit seltenen Ausnahmen wie Bartolomeo Manfredi, dessen Œuvre eng an das von Michelangelo Merisi angelehnt ist. Bei der Betrachtung seiner *Gefangennahme Christi* (Mailand, Koelliker-Sammlung) ist die Nähe zu Caravaggios Gemälde sofort erkennbar.

In der Tat hat des Meisters Kunst mit religiösem Sujet – also dem Thema dieses Bandes –, wenn auch nicht ausschließlich (man denke nur an die Bilder mit Falschspielern, Tavernen, Zigeunern, Konzerten, usw., die caravaggeske Elemente wiederholen und ausbauen), die größte Einflussnahme auf ganz Europa gehabt. Er schuf eine Malart, deren oft übersteigerte Helldunkeleffekte, pauperistische Modelle und Stillleben zur gemeinsamen Kunstsprache wurden, obwohl jeder Künstler ihr seine individuelle Prägung gab.

In Italien stand beispielsweise Guido Reni, bevor er sich entschlossen dem Klassizismus zuwandte, unter dem Einfluss von Caravaggio. Seine *Kreuzigung des hl. Petrus* (Vatikanische Pinakothek) erinnert an Merisis Vorlage im jungen Mann mit Federhut und in den volkstümlich gestalteten Henkersknechten; allerdings ist das Helldunkelspiel weicher und die Empfindungen sind beherrschter.

Reni versucht sich also in einer vorsichtigen Annäherung an Caravaggio. Nicht so Orazio Gentileschi, dessen *David und Goliath* (Dublin, National Gallery of Ireland) genauso brutal und kraftgespannt daherkommt wie das Bild des Lehrmeisters; Artemisia Gentileschi, seine Tochter, wird eine *Judith* malen, die sogar noch blutrünstiger ist als die von Caravaggio. Weitere Künstler – wie Guercino, der die caravaggesken Schatten musikartig erleichtert, oder Bernardo Strozzi mit seinem lebhaften Verismus – werden nur abgeschwächt einzelne Elemente der aggressiven Kunst des Meisters aus der Lombardei übernehmen.

Das ganze 17. Jahrhundert über bleibt Neapel das Zentrum des Caravaggismus. Maler wie Giovanni Battista Caracciolo (genannt Battistello) oder der Spanier Jusepe de Ribera (genannt Spagnoletto) liebten lichtreiche Kontraste, knabenhafte Engel in weißen Gewändern oder auch als Heilige verkleidete Proletarier und Bettler wie z.B. die *Apostel* Riberas (Florenz, Fondazione Longhi). So entwickelte sich eine caravaggeske Tradition, die in begabten Künstlern wie Mattia Preti und Luca Giordano ihre Fortsetzung fand.

Die Franzosen Simon Vouet, Valentin de Boulogne und Georges de la Tour (*Joseph als Zimmermann*. Paris, Louvre) erinnern an Caravaggio durch die starken Lichtkontraste und dramatischen Effekte; auch nahmen sie einige seiner Sujets (z.B. die Enthauptung Johannes' des Täufers) wieder auf. Es waren jedoch die nie in Italien gewesenen Brüder Le Nain, die sich die Lehren des lombardischen Meisters auf besondere Weise zu eigen machten. Ihr *Mahl in Emmaus* (Paris, Louvre) ist eine Speisung für würdevolle Arme, zu denen sich ein ebenso bedürftiger Christus gesellt. Die Le Nains übernehmen Caravaggios „Geist", seine Liebe zum Menschen, der auch in Leid und Elend seine Würde behält. Weniger interessiert sind sie an spektakulären Lichteffekten, die so viele Nachahmer fanden.

In einer Zeit starker gegenreformatorischer Bemühungen erkannten die Spanier in Caravaggios Darstellungskunst eine Möglichkeit religiöser Unterweisung. Während Ribera das „Hässliche" betonte, hielt sich Francisco de Zurbarán an die mystische Dimension, wie sie in Caravaggios Passionsbildern gegenwärtig ist. Und das Bild *Christus erscheint dem hl. Bernhard* von Francisco Ribalta (Madrid, Prado), mit einem Messias, der aus dem Schatten hervortritt und den Heiligen mit pathetischer Geste vom Kreuz herab umarmt – mit weißem Tuch auf weißer Haut – ist ein origineller, schon barockisierender Widerschein caravaggesken Einfühlungsvermögens. Dies gilt umso mehr für die Jugendwerke Velázquez', der zweimal nach Italien reiste.

Besonders ausgeprägt ist Caravaggios Einfluss auf Flandern und Holland. Nicht nur halten sich verschiedene Meister länger in Italien auf: Rubens erwirbt den *Tod Mariens* für den Herzog von Mantua und lässt sich in mancherlei Hinsicht (Liebe zur Natur und Theatralität der heiligen Szenen) von Caravaggio inspirieren. Gerrit van Honthorst wurde während seines Romaufenthalts stark von ihm geprägt und hatte seinen Ansatz genau erfasst. Sein *Christus vor dem Hohenpriester* (London, National Gallery) besitzt die ergreifende Standfestigkeit der Werke Merisis, mit einem sowohl natürlichen als auch symbolischen Licht.

Besonders gut lässt sich der Einfluss des Michelangelo Merisi jedoch an manchen Werken Rembrandts ablesen, der – trotz seiner unbestrittenen Originalität – die Lehren des Meisters weiterentwickelt. Beim Betrachten des *Abendmahls in Emmaus* wird man in die Stimmung des gleichnamigen Bilds von Caravaggio (Mailand, Pinakothek Brera) versetzt, wenn auch in erweitertem und vertieftem Maße. Rembrandt ist vollständig in die christozentrische Spiritualität des italienischen Künstlers eingedrungen, mit eigenständiger, ausdrücklicher Hervorhebung der jüdischen Herkunft Jesu.

Das Wahre erfinden

Mit diesem prägnanten Ausdruck könnten wir, am Ende unserer Untersuchung, die Eigenart und Triebkraft von Caravaggios künstlerischer Tätigkeit und seiner Auslegung der biblischen Geschichten definieren. Obwohl er als schlechter Katholik galt, war er doch tief gläubig. Allerdings ist sein Glaube kein naiver Wunderglaube und eine triumphierende Religion liebt er nicht.

Auf einer Linie mit den vom Trienter Konzil geprägten katholischen Reformern neigt der Maler, nicht zuletzt durch seine lombardische Herkunft, zu einer wahrheitsgemäßen, schlichten Anschauung.

Am meisten, wir hatten schon darauf hingewiesen, scheint er in der Tat an der Wahrheit interessiert zu sein. Die dargestellten Ereignisse sind für ihn buchstäblich ein Ausleuchten des menschlichen Wegs zur Wahrheit und er selbst fühlt sich so sehr einbezogen, dass die Gleichstellung zwischen Passion Christi und persönlicher Passion gerechtfertigt ist, denn die Leidensgeschichte des Messias wird vom Künstler durch das eigene Leid verstanden und gestaltet.

Caravaggio stuft die Menschenwürde hoch ein – und Christus ist ja in seinen Augen der wahre Mensch –, und das gilt für einfache Leute gleichermaßen wie für bedeutende Bibelgestalten.

Heilige und menschliche Geschichte werden eins. Des Künstlers Aufgabe besteht darin, sie in ihrer Wahrheit zu „erfinden", dem Betrachter und Gläubigen zugänglich zu machen (man darf nie außer Acht lassen, dass die religiösen Werke des Meisters für die öffentliche oder private Andacht bestimmt sind), und zwar so, wie man sie sich im Heute vorstellt, oder besser: wie sie im Heute tatsächlich geschieht.

Eine der Haupteigenschaften Caravaggios ist die Übertragung der Bibel in die Gegenwart. Deshalb stellt er die Personen in vertraute Räumlichkeiten, beobachtet ihre Gefühlsregungen und Körperbewegungen, analysiert ihre Natürlichkeit und die Glaubwürdigkeit ihrer Reaktionen. Sein Realismus ist jedoch keineswegs eine Kopie des Geschehens, sondern eine Umgestaltung der Wirklichkeit, damit das neu erfundene Wahre in seiner Wesentlichkeit und Universalität auftreten kann. Caravaggio inszeniert das Leben Christi und die Geschichten der Bibel wie ein heiliges Schauspiel, das Emotion und Gefühle wecken und zum Meditieren anregen soll. Er zitiert die Meister aus Vergangenheit und Gegenwart, ja fordert sie heraus, indem er eine Kunstsprache entwickelt, die das Bewährte enthält, sich dem Neuen jedoch mutig und kraftvoll öffnet.

Farbe und Licht, vor allem aber Schatten, kommen zum Einsatz in einer stark ansprechenden, weil tatsächlich menschlichen Kunst. Das erklärt, warum uns sein Ansatz so modern vorkommt – keine pauperistische Kunst oder simpel übersteigerter Realismus, sondern eine spannende Interpretation der Wirklichkeit. Körperlichkeit und Blut,

Schmerz und die wenigen Freuden seiner kurzen Karriere führen dennoch nicht zu einem düsteren Ausgang, obwohl er gewiss lange innerliche Nächte kennt, durch die er (wie nur wenige Malerkollegen) in die biblischen Sujets eindringen kann, denn er hat sie ja gewissermaßen selbst erfahren. Caravaggio bewahrt sich sein Vertrauen ins Leben und seine Lebensfreude bis zum Ende, bis zu seinen letzten, fast verzweifelten Bildern. Er bleibt also Mensch bis zuletzt – wie Christus, mit dem er sich am eingehendsten befasste.

Caravaggios Bibel enthält so viele revolutionäre Elemente wie wenige andere Werke in der ganzen Kunstgeschichte. Sie ist zutiefst menschlich und daher auch tief geistig. Aus diesem Grund spricht sie auch die Menschen von heute an.

Vita

1571 Geboren, wahrscheinlich in Mailand, am 29. September. Sein Vater ist Verwalter bzw. Architekt bei Francesco Sforza, Graf von Caravaggio, wo sich die Familie oft aufhält.

1584 Umzug nach Mailand; Lehre in der Werkstatt des spätmanieristischen Malers Simone Peterzano.

1590 Tod der Mutter. Reise nach Venedig.

1592 Umzug nach Rom. C. wohnt in provisorischen Unterkünften; als er krank wird, findet er Aufnahme im Ospedale della Consolazione.

1595 C. wohnt bei Kardinal Del Monte, seinem Protektor, und malt diverse Bilder mit religiösen und musischen Sujets.

1599 Erster öffentlicher Auftrag für die Contarelli-Kapelle in San Luigi dei Francesi mit Geschichten des hl. Matthäus.

1600 Darstellungen der hll. Petrus und Paulus für die Cerasi-Kapelle in Santa Maria del Popolo.

1601 C. wohnt bei Kardinal Girolamo Mattei. Es entstehen verschiedene Werke, darunter das *Abendmahl in Emmaus* (heute London).

1603 Anklage wegen Verleumdung des Malers Giovanni Baglione.

1604 Verschiedene Festnahmen wegen unerlaubten Waffenbesitzes und Beleidigung.

1605 Verletzung des Notars Pasqualone und Flucht nach Genua zu Fürst Doria, wo *Ecce Homo* entsteht.

1606 Die *Madonna dei Palafrenieri* wird aus der Peterskirche entfernt. C. tötet den Rivalen Ranuccio Tomassoni, flieht ins Landgut der Familie Colonna außerhalb Roms und malt dort das *Abendmahl in Emmaus* (heute in Mailand).

1607 Aufenthalt in Neapel (*Rosenkranzmadonna* und *Geißelung*).

1608 Ankunft in Malta, wo C. am 14. Juli in den Malteserorden aufgenommen wird. Er malt die *Enthauptung Johannes' des Täufers*. Nach einem Streit mit einem anderen Ritter wird er gefangen gesetzt. Flucht nach Syrakus und Ausschluss aus dem Orden.

1609 Die Flucht führt über Messina und Palermo nach Neapel, wo die verfolgenden Malteserritter ihn überfallen und verwunden.

1610 In baldiger Erwartung der Begnadigung durch Papst Paul V. macht C. sich wieder auf den Weg nach Rom. Am 18. Juli geht er in Porto Ercole an Land, erkrankt und stirbt in einem dortigen Hospital. Bestattung im Massengrab.

Literaturverzeichnis

Die Literatur über Caravaggio ist unermesslich und nimmt noch ständig zu. Es sind daher nur wenige Werke aufgeführt, die leicht zugänglich sind.

- A. von Schneider, Caravaggio und die Niederländer, Amsterdam 1967.
- A. Pérez Sánchez, Caravaggio y el naturalismo español, Madrid 1973.
- M. Marini, Caravaggio e il naturalismo internazionale, Turin 1981.
- R. Longhi, Caravaggio, Rom 1982.
- D. Mahon, The singing 'Lute- player'…, London 1990.
- M. Cinotti, Caravaggio, Bergamo 1991.
- D. Ponnau, Caravage, une lecture, Paris 1993.
- B. Berenson, Caravaggio, Mailand 1994.
- M. Gregori, Caravaggio, Mailand 1994.
- C. Strinati/R. Vodret, Caravaggio e i suoi…, Neapel 1999.
- M. Dal Bello, Caravaggio, percorsi di arte e cinema, Cantalupa (Turin) 2007.
- R. Papa, Caravaggio, Florenz 2009.
- S. Ebert-Schifferer, Caravaggio: Sehen – Staunen – Glauben; der Maler und sein Werk, München 2009.
- S. Schütze, Caravaggio: das vollständige Werk, Köln 2009.
- C. Strinati (Hrsg.), Caravaggio, Ausst.-Kat. Scuderie del Quirinale (Rom), Mailand 2010.